維新革命社会と徳富蘇峰

伊藤彌彦●著

萌書房

まえがき

戦後に書かれた徳富蘇峰論を読むと、同志社外部の人の論稿には新島襄が出てこないことが多い。他方、同志社内部のものでは多くの場合、徳富蘇峰は新島襄関連で共働者ないしは脇役として登場する。どちらも徳富蘇峰論としては不十分ではないだろうか。前者においては、新島襄と徳富蘇峰の間にあった濃厚な人間関係を無視していたことで基本的要素が欠落してくる。後者においては、日本近現代史における徳富蘇峰の位置づけを捕えきれていない感がある。

新島襄（一八四三—一八九〇年）と徳富蘇峰（一八六三—一九五七年）の間にはちょうど二〇年の年齢差がある。二人の間には、まず教師と学生としての関係があった。その後徳富蘇峰は新島襄の制止を振り切って同志社英学校を中退し、新島襄から授けられた洗礼を返上した。それにもかかわらず第二段階では、学窓を離れた蘇峰と新島の間には、厚い信頼関係が復活したのであった。新島襄が「余の畢生の事業」として悲壮な覚悟で取り組んだ同志社大学設立運動、あるいはキリスト教伝道事業関連では教会合併問題反対の立場を、さまざまなかたちで支援したのが徳富蘇峰であった。また新島襄の方も蘇峰の出版や国民新聞創業事業を応援した。これらの強い絆は新島襄が没する時まで続いた。第三に、新島襄没後も蘇峰は同志社教育を物心両面で支援し続けていたという事実がある。それは単なる新島襄に対する報恩というよりも、自身が教育事業に託していた夢を果たそうとしていたように感じられる。

同志社英学校時代の二人の曲折については別の場所で論じたので今回は取り上げない。本書では二番目の時期を含み、学窓を離れてから日清戦争あたりまでの徳富蘇峰の思想と行動を考察する。その際「社会」についての言説を切り口に新機軸の分析を試みてみた。

本書の第Ⅰ部では、明治維新期に「社会の発見」をした数少ない人物として徳富蘇峰の言論と事業について紹介する。蘇峰は大江義塾を興した学校起業家であり、『国民之友』を発刊したジャーナリストとして、いわばベンチャー起業家であった。

これまでこの時期の蘇峰については、自由民権運動に加担していた時代として論じられてきた。それも事実であるが、詳しく見ると民権家連中と一線を画した蘇峰の姿が浮上する。「政治」よりも「教育」を重視し、「人づくり」、そして「社会の改造」を第一に目論んでいたからである。そこを社会の発見という新機軸から分析を試みてみた。この背景には地方名望家の出身という生活社会の体験のほか、同志社教育や新島襄の影響があること指摘したいと思う。同志社英学校などで身に付けた英語力で解読したイギリス革命への知識と共鳴、特にミルトン、ハンプデンらへの解釈がそれを後押ししていた。広く言えば、背景には新島襄との共鳴関係があったと考えている。新島襄も、十年に近い米欧生活体験者として市民社会を発見して帰国したからである。

第Ⅱ部では「同志社大学設立の旨意」の策定問題を取り上げた。この文章は同志社大学建学の精神を示すものと言えるが、それを完成する過程で徳富蘇峰の力が大きく働いていたからである。すでに井田進也氏の論説認定作業（「徳富蘇峰と『同志社大学設立の旨意』――『中江兆民全集』の無署名論説認定基準を応用して――」『同志社談叢』一七号）で、文体が蘇峰のものであることは明らかになっているが、素材は新島が提供したのだから、二人の共同作品として完成したものと言える。

新島襄が自分の学校の中退者である蘇峰に建学の精神の執筆を託したところに、人物を見る眼の確かさと、懐の大きさが感じられる。蘇峰の新著『将来之日本』を内在的に理解し、第三版に「序」を寄せたのも新島襄であった。

新島襄の大学設立運動に共鳴し、厚い信頼関係の下で書き上げた「同志社大学設立の旨意」に流れる私立学校の精神は、蘇峰の代表作の一つ『新日本之青年』の教育観と酷似していたことを挙げておきたい。この時期の二人は「平民主義」を介して思想的にきわめて接近していたと言える。

なお新島襄没後も蘇峰は同志社に並々ならぬ関心を寄せ、自分の別荘を寄付たり、記念式典で折々に講演をしたりしていた。大江義塾を閉鎖した後の蘇峰は、教育事業への夢を同志社大学に託していたのではないだろうか。

第Ⅲ部では、長年同志社史研究に従事してきた筆者が発見した新資料や、研究史への感想、問題点を指摘した論稿等をまとめておいた。蘇峰研究、新島襄研究、大学史研究の一助になれば幸いである。

維新革命社会と徳富蘇峰＊目次

維新革命社会と徳富蘇峰

I

明治の青年・徳富蘇峰

若き徳富猪一郎

徳富猪一郎が同志社に在学したのは明治九年十月から明治十三年五月に卒業を目前にして退学する時、までであった。ただし、それ以降も、新島襄そして同志社に対する愛着は強く、厚い貢献は生涯変わらなかった。

この同志社時代に猪一郎は自己の生業《なりわい》としてジャーナリストになる意思を固めたのだった。恩師新島襄の制止を振り切って退学・上京する時の心境を、『蘇峰自伝』に「胸に一物《いちもつ》肩には荷物」と語る。この時胸に宿った「一物」には知育派としてのバイブル派に対する怨念だけではなく、一刻も早くジャーナリストとなって東京で活躍したいという積極的な野心、言い換えれば使命感も潜んでいた。その証拠に、東京では繰り返し繰り返し試みられた日報社（『東京日日新聞』）への就職活動が試みられた。失敗に終わるのだが。

人間は自分の意思でこの世に生まれるのではない。誕生した後で意識が成長し、自分の存在理由、自分探しの旅が始まる。しかも厄介なことに、それを見つけなければ落ち着かないのである。その際、職業の選択は、誰にとっても重要事である。

維新革命期は青少年たちには、さらに特別の環境が加わった。社会の定型性が失われ、これまで自明とされてきた社会常識が通用しない中で自己形成しなければならなかったからである。「道は天地の大経にして、須臾《しゅゆ》も離るべからざる者」（藤田東湖）と語られた徳川時代は、普遍的な「道」が存在し、人たるものは誰しもそれにしたがって生きるとされていた。そのような安定した価値観がガラガラと瓦解したのが明治維新であった。

そんな時期に出会った教師が人間の使命感を説き聞かせればその効果はテキメンとなろう。猪一郎がジャーナリストになる意思を固める上で、直接、新島襄からそう薦められたことはない。しかし次のような意味で新島の影響は大きかったのではないか。

新島が礼拝のたびに口を酸っぱくして強調したのであろう説教――人たる者この世に生まれた以上、世のため神のため、使命感を持って人生を送らなければならないという教えの影響である。同志社に学んだ初期学生は、元良勇次郎も、深井英五もそのような回想を残している。

人間の使命感や「良心」の強調は、新島が大学生活を送った十九世紀アメリカの人間規定を濃厚に伝えている。自然科学が勃興し、ダーウィンの『種の起源』が出現して聖書の真理性が揺らぎ、神学に代わりキリスト教諸教派も受容しやすい「道徳哲学」が新時代のアメリカ精神となった。アマースト大学学長スターンは聖書の無謬性の議論よりも、キリスト教の実践性を評価し、国内外への伝道布教を奨励した。シーリー教授は学生の教育においてキャラクターの養成を強調した。

それは新島の中にしっかりと内在化されて日本に持ち帰られ、初期同志社の学生に植えつけられた。世に生まれ出た以上、人は目的を持って人生を送らなければいけない、と。

同志社時代の猪一郎は好きで好きでしょうがない新聞に、一層目覚め、ジャーナリスト志向を固めたのは、新島先生の「使命感」教育、ひいては広い意味でのキリスト教文化の成果であったことになる。

日報社への就職は無残な失敗に終わったが、東京で『近時評論』の発行主・林正明らと面会し、「新聞雑誌というものも世間に出れば、大層なものの様であるが、その裏面を窺えば、何でもない事が判った」（『蘇峰自伝』）ことは、後の出版事業起ち上げの伏線となった。

失意の青年は捲土重来を期し故郷の熊本に帰った。以降、大江義塾を設立し、時々上京して洋書を買い込み、読破し、塾生に語った。この充電時代が猪一郎を大成させた。

明治十七年、恐る恐る『明治廿三年後ノ政治家ノ資格ヲ論ス』を私刊してみると、言論界の大物田口卯吉より激励された。次に大江義塾での講義『第十九世紀日本ノ青年及其教育』を私家版で刊行すると論壇の注目を集め、田口の雑誌『東京経済雑誌』に転載してくれた。そして一世を風靡する『将来之日本』を田口卯吉の東京経済社から出版した。その時の著者名はまだ徳富猪一郎のままであった。（幼年少年期の詳細は、拙著『のびやかにかたる新島襄と明治の青年』晃洋書房、第5章「徳富蘇峰の通学・遊学・退学」を参照されたい。）

維新革命と社会改造の夢

はじめに

この論文では、学窓を離れた明治の青年・徳富蘇峰が、その後、世の中に対して何を意図し、いかに働きかけようとしたかを考察する。ただし長寿だった徳富蘇峰（一八六三―一九五七年）のことなので、扱う時期を限定して同志社英学校を退学した明治十三（一八八〇）年以降、明治二十七（一八九四）年頃までを対象にする。特に熊本に帰郷して大江義塾を開設した時代と、上京して『国民之友』を刊行したジャーナリスト時代に焦点を当てるものである。この両期間の言動の中身には強い連続性が見られ、本論ではそれを「社会の改造」唱導者たる蘇峰の問題として紹介したいと考えている。

後年の蘇峰はこれらの時期について、「〔帰郷してから〕明治十九年十二月家を挙げて東京に移るまでは、予が新聞記者としての準備時代であった」（徳富猪一郎『老記者叢話』民友社、一九三五年、二九七頁）と、大江義塾時代を本業の新聞事業までの一時しのぎの期間だったように発言する。このような大江義塾での教育事業を彼のジャーナリストへの道の単なる準備過程にすぎなかったとする発言にも再吟味が必要であると考えている。

大江義塾時代、塾長の徳富蘇峰は、二度上京して馬場辰猪《ばばたつい》などに面会し、和洋雑誌を購入し、最新知識を仕入れて帰県した。そして新知識を消化、肉体化しては塾の教材とした。あるいは地方新聞に発信した。こうして大江義塾の授業の中で醗酵、熟成された思想は次々と論説になっていったが、なかでも二つ著述『第十九世紀日本ノ青年及其教育』(後の『新日本之青年』)と『将来之日本』に結晶し、人心を捕えベストセラーとなって蘇峰の名声を不動のものにした。三度目の上京後そのまま東京に居を移し、『国民之友』を刊行してその誌上で華々しい言論活動を展開した。それは大江義塾時代という懐妊期間があったから実現したのはたしかであるが、むしろ後者は大江義塾時代の延長にすぎなかったとも言えるのではないか。

大江義塾で作った講義案や、『大江義塾雑誌』および『東肥新報』紙上に書き下ろした論説とおなじ構想が、『国民之友』の誌面を飾るあざやかな諸論説に変身した。いわば全国民を対象とした社会教育のテキストに変じて発信されたのであった。

ところで明治期の政治家人物評を描くにかけては第一人者であった鳥谷部《とやべ》春汀《しゅんてい》は何篇かの徳富蘇峰評を書いている。その一つにおいて、「蘇峰の思想は欧州観察と共に一変せり」と転向について言及した。日清戦争後の三国干渉という現実に面して、国際政治の本質が権力政治であることに衝撃を受けた蘇峰は、借金までして、明治二十九、三十年、欧州観察の旅行を行った。この時期に蘇峰の転向を見るのは通説通りであるが、鳥谷部が説明した転向前の中身が独特である。

いわく「日清戦争までは、彼れは実に内地改革論者なりき、熱心なる社会改良論者なりき、故に彼れは責任内閣を唱え、言論の自由を唱え、政党作新を唱え、選挙権の神聖を唱え、貴族院の改造を唱え、労働問題を議し、日本道徳の欠点を議し、日本婦人の位地を議し、拝金宗を痛罵し、宗教上の批評を試み、家庭における個人主義を主張し、其意見一として内治に関せざる無く、社会を離れたるはなし。……」「日清戦争は彼れの頭脳に一大動揺を与えぬ、……其内に注げる眼眸《まなこ》は、忽《たちま》ち転じて国外へ向へる。……親しく列国を訪ふに及で、彼れは遂に国権論者と為り、対外策士と為り、武備拡張派と為り、……唯《た》だ挙国一致の力に依りて興国の盛業を就すの目的に進むの外あらずと信じたるものの如し」（「徳富猪一郎氏」『太陽』明治三十年十一月二十日。『全集』所収、三四九頁）と。

このように転向前の蘇峰を民権論者としてよりも、「内地改革論者」「社会改良論者」と規定する見方に本論文では着目したい。この点はすでに植手通有《うえてみちあり》が、政治に集中していた民権運動家との違いとして指摘していた点でもある（植手通有「『国民之友』・『日本人』」『思想』一九六二年三月）。徳富蘇峰をこの「社会改良論者」の側面において注目すると、意外に早い時期からその発言を行っていたことが見えてくる。

蘇峰の直上の世代、自由民権運動世代が「政治」に集中した点に反省を加えた蘇峰の「社会の改造」論は新鮮なテーマをなし、民権論よりも広い層からの世論の支持を得た。そして「平民主義」の唱導者、徳富蘇峰を福沢諭吉に代わる次世代の世論指導者に押し上げることに寄与した。以下では日清戦争前の蘇峰を分析するキーワードとして「社会」を挙げておく。ただし国家膨張論者に転じた後の蘇峰についても「教育観」中心に少し触れる。また「国権論者」に転じた後も、何故か不思議に、常に同志社教育に目配りと協力を続けていたという一面もある。〔補注。徳富猪一郎は世間で有名になると次第に徳富蘇峰を名乗るようになる。しかし後年も、徳富猪一郎名で出版することもあり、混用が続いていた。便宜上この論文では徳富蘇峰の名を使用する。ただし、前後関係からどうしても猪一郎がふさわしいこともあるので、最小限ではあるが混用する。〕

第一節　学校起業家として

就職活動に失敗、帰郷

青年徳富猪一郎は同志社英学校卒業を目前にしながら中途退学した。そして「胸に一物肩には荷物」（『自伝』一二一頁）、明治十三年五月二十五日、京都を発って東京を目指したが、その胸に秘められていたのは失意だけではなかった。『東京日日新聞』、福地桜痴の日報社への入社を目論んでの意気軒高たる上京であった。「東京へ着いた時には意気已《すで》に富士山を呑む位であつた。取り敢《あ》へず下谷《したや》練塀町《ねりべいちょう》に友人と同居〔家永豊吉の下宿〕して、予《かね》て目標にした福地源一郎氏に面会せんと心掛けた。……名札さへあれば沢山と思ふて日報社に行《ゆ》いた。…予は受付に名札を差出したが、てんで相手にされなかつた。去つて福地氏の邸宅下谷池《いけ》の端茅町《はたかやちょう》を訪うた。ここでも要領を得なかつた。彼れ此れ日報社と福地氏の宅を訪問した事が十回以上であつた。十回までは記憶してゐたが、その後は忘れた。……」と（徳富猪一郎『老記者叢話』二九三―二九四頁）。

訪問さえすればすぐに採用されるとタカをくくっていた世間知らずの青年は、就職活動で苦い挫折を味わった。ジャーナリストへの道は閉ざされたのは想定外であったが、東京では旧友大久保真次郎らと活発に交流し、名士を訪ね、旅行し富士登山まで行い、岡松塾にも籍を置き、諸事に首を突っ込んでいるうちに金を使い切ってしまった。そこで「予は翁〔山田武甫〕に向つて志を語り、翁から旅費を借用し、また予の父に向つては翁から先容の手紙を出して貰《もら》ひ、いよいよ帰国に決したのが、明治十三年十月であつた」（『老記者叢話』二九七頁）。同郷の先輩、山田武甫に旅費を借りて熊本に引き上げたのであった。

久々に熊本に帰ってみると、家格は村で三番目という熊本県水俣の総庄屋、徳富家の屋台は傾いていた。原因は時代が変わったのにふところを考えず、あらゆる来客に馳走する暮らしを続けていたからであった。伝統的名望家の生活の様子については「村民よりは愛せられ、親まれ、敬せられ、彼等は村内の総理大臣とも云ふ可《べ》く、総ての出来事皆な彼等の指揮によりて決し、彼らの前庭は村内の公園とも云ふ可く、花晨月夕村内の児女皆な来り遊ひ、彼れ等の勝手の坐敷は村内の倶楽部とも云ふ可く、春祝秋祭、村内の父老皆な来り会す。……云ふに云はれぬ一種の勢力を其地方に有するものは、是れ則ち田舎紳士なり」（「隠密なる政治上の変遷（第二）」『国民之友』一六号、明治二十一年二月十七日、一頁）と紹介しているが、そのような生活を続けていて、家計は火の車であった。

温厚な父に代わり、蘇峰は家計立て直しの荒治療を実行した。「予が親類縁家一統に対して、不評判を来たした原因――〔……〕吝《けち》とか、何とかいふ意味に於ての、不評判を来たした原因――は、恐らく予が明治十三年の末、帰郷の上、吾が家政を大改革をしたといふことであらう。…即ち御馳走主義を廃《や》め、質素、倹約、自ら給し、自ら稼ぐといふ事を、原則として行く方針を樹《た》てた。……」（『自伝』六四九―六五〇頁）と（ただし蘇峰の名誉のために言うと、生涯を通じて蘇峰は、私財を公共のために、また特に同志社のために提供していた。気前が良いのは母親ゆずりの気性と名望家の伝統が染みついていたからであろう。たとえば欧州旅行の見聞から青山の自宅の敷地に「青山会館」という公会堂を建設したのも一例である）。

『蘇峰自伝』によれば帰郷後特に定職もなく、「父と与に共立学舎」に出掛けたり、民権結社「相愛社」に出入りして演説し、そこの連中が発行した『東肥新報』の編集を手伝い社説も書いたりして存在感を強めたし、地元の民権活動家とも知り合いを増やしていた。この民権運動に連帯した帰郷後の足跡については『蘇峰自伝』に詳しいが、今回は触れない。ただ蘇峰は「相愛社」などの民権結社の運動にも、「実学党老人先生輩ノ後進ヲ誘掖スルノ共立学舎」（『資料』七〇六頁）にも不足を感じていたのであった。

大江義塾の開設

帰郷後の人生を飛躍させたのが明治十五年の大江義塾の開設であった。大江義塾に賭けた野心を、次の塾開設一年後に塾生相手に行われた演説に見ることができる。いわく「諸君ヨ、明治十五年ハ希望ノ時代ニテハアラザリシカ。吾人ハ嘗《かつ》テ此年ヲ以テ運命ヲ定断スルノ極所トセリ。而シテ今ヤ既ニ定断矣《せり》。吾人ハ明治十五年ニ於テ文運ノ興隆ヲ希望シ自カラ奮テ諸君ト共ニ此ノ大江義塾ヲ設立セリ」（「勤勉正直ナル大江義塾雑誌記者各位」『資料』七〇六頁）と。明治十五年を「運命ヲ定断スルノ極所トセリ」と語ったのである。この演説の全体から推測すると、ここで説かれた「運命」とは、自分の運命ではなく日本の運命のことであった。「定断」という漢字は私の漢和辞典には見当たらないが、断定、の意味に解すれば、蘇峰にとって明治十五年は、日本の運命を確《しか》と定めるべく使命感をもって教育事業を発足させた年であったということであろう。世の中との関わりにおいて、若さというエネルギーは、世の中を根底から動かすような外界との巨大な関わり方を夢見させるものである。

そこには屋台の傾いた徳富家を救う意図もあった。「それ（大江義塾創立）を必至とする一の理由がある。それは何とかして家の財政を立直さんまでも、切抜けだけはせねばならぬ。」（『自伝』一五〇頁）「例へば大江義塾を設けたのも、実は教育労働に依つて、予が家計の足しとなさんと考へたことも、その一因であつた」（同、六五〇頁）と告白している。結果的には家計の助けにはほとんど効き目がなかったと言うが、こういう動機も働いていた。松方正義が蔵相になってデフレ政策を敷く七カ月前の開校であった。

もっと積極的な動機もあった。「予は同志社に足掛け五年間居る中《うち》に、教育に就いて多大の興味を感じ、自分が教育者となる日には、此《こ》の事は斯《か》くせねばならぬ。彼《あ》の事は斯くせねばならぬと、種々自ら註文をつけてゐた。又た共立学舎に屢々《しばしば》出席して、その模様を見ても、何となく歯がゆい様な感がした。それで予は何とか自ら学校を起して見度《みた》いと云ふ様な感が、帰郷匆々湧いて来た」（『自伝』一五〇頁）と教育事業に手を染めた理由を語っている。

その詳しい内容については後で触れることにしよう。帰郷して定職に就いていなかった蘇峰が始めた大江義塾という学校事業は、今日流に言えばベンチャー事業の立ち上げであった。

開校の経緯についてはすでに花立三郎『大江義塾』に詳しい。それによると猪一郎は自宅のうちの座敷、玄関、次の間を教室にして、明治十五（一八八二）年三月八日、熊本県庁に「私立変則中学校」の開設申請書を出しておいて、認可を待たずに三月十五日には身近な三人、徳富健次郎、徳永規矩、松枝弥一郎を相手に授業を開始し、三月十九日には開校式を挙行していた。県が許可した日付は遅れて六月二十日だったという。しかも鹿野政直は、それは「変則中学校」ではなく「各種学校」として認可されたと推定している。「県がわでは義塾を『各種学校』の一ととらえ、その公式の報告書には固有名詞もあげていない（『文部省第十年報明治十五年附録熊本県年報』）」と（鹿野政直「一民権私塾の軌跡――大江義塾の小歴史――」『思想』五四五号、二〇三頁）。

明治十五年という年は「改正教育令」期の真只中であったこと、つまり、民権運動の高揚に手を焼いた藩閥政府が中等教育、なかでも私立の民権私塾を圧迫していた時代だったことを想起してほしい。かつて田中不二麿の下で規制緩和され、大量に認可されていた私立、公立の中等学校が、各種学校に格下げされていたのが改正教育令時代の文部行政においてであった。そんな時代の私塾開校願いであった。

大江義塾に関しても不穏当な印象を与えたようで、申請の翌年、文部省普通学務局長辻新次の名で熊本県知事宛に次のような文書が発せられていた。

「客年七月三十一日付ヲ以テ、貴県下私立学校設置ノ儀ニ付御用開申相成候処、其中大江義塾学科課程表中欧州文明史アリテ、其教科要書目中ニハ代議政体史トアリ。彼此符合セス。右ハ如何ノ都合ニ候哉致様知度。尤代議政体史文明史等ノ如キハ、右等普通ノ学校ニ於テ教授スヘキ性質ノモノニ無之ニ付、削除セシメラレ可然《しかるべし》。且修身科ニ西国立志編西洋品行論ノ二書採用有之候処、右ハ儒教主義ニ基キタル書籍ト交換セシメラレ可然。又鵬翼舎ノ敷地建物ノ略図ヲ見ルニ、建物僅カニ四坪トアリ。本舎ノ生徒概数四拾名ニ比較スレハ、或ハ其狭キヲ覚フ。右ハ実際如何ナル都合ニ候哉是亦致様知度。……」（「普学第二百七十五号」明治十六年二月十六日　文部省普通学務局長辻新次から熊本県令富岡敬明へ、『資料』八六〇頁。または花立三郎『大江義塾』三〇頁）と。

文部省は大江義塾のカリキュラムから「代議政体史、文明史等ノ如キハ」を削除すること、修身科教科書として挙げられた『西国立志編』『西洋品行論』を「儒教主義ニ基キタル書籍」と交換することを要求し、校舎「鵬翼舎」がわずか四坪しかないのに学生定員約四十人としている不自然を指摘していたのである。ずいぶん細かい点にまで眼を通した行政指導である。これを熊本県庁が大江義塾にどう伝え、義塾側がどう対応したかは残念ながら分からない。大江義塾資料を見る限り、学科目表には藩閥政府の嫌がる種類の授業が目白押しに掲載されている（『資料』三四一―三四五頁）。文部省の行政指導も屁のカッパ、徳富猪一郎は自己流の私学を貫いていたと言えよう。

当時の熊本県の教育事情一般について補足すれば、花立三郎は、「熊本には多数の中等程度の学校が存在した」（『大江義塾』二七八頁）と語り、「公立学校に対して、私学は約六〇校ばかりあった。固より〔公立〕熊本中学校の様に整備されたものはなく、ほとんどが一教科か数科を教授する変則中学校であった」（同、二七九頁）とするが、はたして当時の教育界が繁栄しており、また「変則中学校」として認可されていたかは大いに疑問である。徳富蘇峰は明治十六年に逆の、学校不況の感想を残している。いわく「吾人ガ先後ニ社会ニ生出シタル諸ノ学校幾何《いくばく》アリシヤ。済々校アリ、駐春園ノ英学校アリ、蔵原・岡田氏等ノ諸英校アリ、且ツ亦実学党老人先生輩ノ後進ヲ誘掖スルノ共立学舎アリ。吾人窃ニ思ラク、我県下教育ノ盛大ナル日ヲ期シテ待ツ可シ。……諸君ヨ、是等ノ学校ハ今何《いず》クニアル。皆無極ニ向テ去レリ。而シテ其ノ吾人ガ眼界ヲ遮《さえぎ》ルモノ亦皆奄々トシテ残息ヲ止ル而已《のみ》。……蓋《けだ》シ如此《かくのごとき》由縁ノモノハ何ゾヤ。時勢ナリ。人ノ容易ニ如何《いかん》トモ為《な》シ能《あた》ハザル所ナリ。嗚呼希望ノ時代既去矣《すでにされり》」（『資料』七〇六頁）と。改正教育令の影響は大きかったのである。

政治よりも教育

大江義塾創立の意図と気概がよく伝わる資料に「大江義塾沿革一班」がある。いわく「茲《ここ》ニ東肥熊本ノ士徳富猪一郎氏ハ、断然当時ノ政治壇上ヲ下リ、短褐笈《たんかつきゅう》ヲ負テ故山ニ退キ能ク天下ノ勢ヲ審ニシ能ク天下ノ情ヲ察シ、茲ニ眼ヲ青年ニ注ギ、青年コソ将来ノ蓓蕾ナルヲ知リ、青年コソ社会ノ後継者タルコトヲ知リ、……純然タル泰西《たいせい》自由主義ニ基キ自由主義ノ教育ヲ用ヒ東洋流ノ卑屈保守退歩囲範中ノ学問ノ主義ヲ捨テ、又専ラ泰西的ニ赴クナク、茲ニ其ノ教育ヤ邦語ヲ以テシ其ノ足ラザル所ヲ洋書ニ仮リ、茲ニ則チ一個ノ新ナル日本学問ノ新機軸ヲ現出セリ」と（「大江義塾沿革一班」『資料』三三一頁）。

ここで「徳富猪一郎氏ハ、断然当時ノ政治壇上ヲ下リ」と断っているところに注目しよう。徳富蘇峰は学校事業を開始した段階ではっきりと民権家の政治活動と一線を画していた。故郷に帰った蘇峰は、一時関わりを深めていた自由民権結社「相愛社」連中から一歩退き、天下の情勢を観察しつつ、斬新な「新機軸」の学校事業を起こして、「社会ノ後継者」の育成を始めた。このような長期的展望の事業を始めたのであった。大江義塾時代の蘇峰を民権論と同質に扱う議論（花立三郎『大江義塾』八五頁に概略あり）も多い。たとえば和田守は「この大江義塾の経営は蘇峰にとって民権運動の日常的実践を意味していた」（和田守「若き蘇峰の思想形成と平民主義の特質」『思想』五八五号、七四頁）とする。たしかに民権家との交友も続いていた。しかし蘇峰は「社会の発見」をしていた。「政治」と距離を置いた「非政治的日常的実践」の立場から政治を眺めていたのである。

大江義塾開校にあたっての徳富蘇峰の抱負は、「大江義塾開校ノ祝文」（『東肥新報』明治十五年三月二十三日、『資料』三三〇頁以下）にも熱っぽく語られている。この時期の蘇峰の文章は、青年特有の情熱と理想を、畳み掛けるような名調子で謳っているので、ついつい全文引用したい誘惑に駆られる。また引用しておけば解説など不要ではないかという気分にさせられる。それはともかく、この祝文でも最初の箇所で「苟《いやし》クモ人蹤《じんしょう》ノ在ル所必ズ社会アラザルハナキナリ。……蓋《けだ》シ彼ノ学校ハ是ノ青年ノ社会ニ非ズヤ。……今ヤ吾輩ハ不肖ヲ顧ミズ、茲《ここ》ニ一個ノ新乾坤ヲ開拓シ以テ少年社会ヲ創立セントス」（『資料』三三〇―三三一頁）、人の足跡のあるところ必ず社会あり、と「社会論」のテーマとして学校論、青年論を語っていることは見逃してはならない点である。

先ほど紹介した大江義塾開校一年後の演説においては「今日ノ如キ社会ノ混乱シ且ツ険悪ナルニ際シテハ政治ノ外社会ヲ維持スルモノハ非ズト速了シ、之ニ馳騖《ちばく》スルハ固《もと》ヨリ深ク尤《とが》ム可《べ》キニ非《あら》ズ」と一応、政治主義に逸る志士たちの心情に理解を見せながらも、社会を忘れて政治活動にのみに熱中し「苟《いやしく》モ此等ノ人々ニシテ正当純良ナル教育ヲ受シムルコト無ンバ、唯《ただ》後世ニ向テ無数ノ横肆放縦《おうしほうじゅう》ナル圧制者ヲ養フニ外ナラズ」と将来の混迷を深めることの方をもっと心配していた。

それだから「我ガ大江義塾ハ 聊《いささ》カ此ノ点ニ着目スルモノナリ。蓋《けだ》シ我ガ大江義塾ハ今日時勢ノ切迫ナルヲ知ラザルニ非ズ。然レドモ頑然《がんぜん》トシテ之ニ応ゼザルハ更ニ将来ノ時ニ猶更《なおさら》ニ切迫ナルコトアルヲ知レバナリ」（「勤勉正直ナル大江義塾雑誌記者諸君」『資料』七〇七頁）と、将来の混乱を見据えて学校事業の必要を説いた。政治の過剰と教育の過少の時勢を憂慮して、長期展望の下大江義塾を始めたのであった。この文章から分かるように大江義塾の開設、学校教育事業の開始は、政治中心の活動と距離を置き、社会的事業に軸足を移すことを意味した。

少し時代は下がって明治十七年になるが、政党と学校の対比においてもっとはっきりとこの見解を語った。「彼ノ政党モ今ハ既ニ暗黒ノ幕中ニ退隠シタル今日ニ於テ、独リ其ノ威勢嚇突《かくとつ》トシテ社会ノ注意ヲ惹クモノハ唯一ノ教育アル而已《のみ》。所謂《いわゆ》ル政党ノ時代去テ教育ノ時代来《きた》ル」（『新日本之青年』『全集』一五〇頁）。そして「自ラ学問及教育ノ世界ヲ改革シテ時勢ヲ一変セサル可ラスト云フ一点ニ外ナラサル也」（同、一五一頁）と。これは教育立国論である。そして民権政党の時代は去り、学校の時代になったというのである。後述するが加波山事件など政治は、ともすれば壮士らの「破壊」活動であるのに対して、今の時代的必要性は「建設」にあると説くのであった。

しかしこれは政治に絶望したのでもなく無関心になったのでもない。蘇峰はみずから政治に恋愛したと語る人物である。ただ、その政治との付き合い方の特徴は間接的であり、ある意味で策士的、操作的であった。「予は本来政治が好きであり、政治が生命であつた。されど当初から役人にならんとする様な考は一切持たなかつた。平たく云へば当初から大臣希望者でもなく、又た議員希望者でもなかつた。予は唯だ世の中の政治を吾が思ふ様に動かし導かん事を欲したる迄にて、……世の中を予の是也と思ふ方に導かんとする志は、若しこれを野心と云ふならば、その野心は燃えるが如くであつた」（『蘇峰自伝』二二四—二二五頁）と語っている。根源的課題としては、まず人づくりを先行させる次の発想の中にも、この野心の片鱗が潜んでいたであろう。

『大江義塾雑誌』明治十九年五月下浣、に「政治ヲ改革セント欲セバ、先ヅ人民ヲ改革セザル可ラズ」（『資料』六六一頁以下）という長い題名の文章が残っている。「人民ヲ改革シテ政治ヲ改革スルハ順ナリ。政治ヨリ人民ニ及ブハ逆ナリ。……然ラバ人民ハ本ニシテ政治ハ末ナリ」（同、六六二頁）。何故ならば「人民卑屈野蛮ナル時ハ其政治モ亦タ卑屈野蛮ナルコト」が必然だからである。「苟モ其人民ニシテ野蛮卑屈ナルトキハ、又タ一変シテ専制政治トナルコトヲ」（同所）を憂慮した。政治の必要性を片時も軽視したり忘れたわけではない。しかし非政治的領域あってこその政治なのである。順序として先行すべき課題は人づくりであるとされた。

「社会」を重視した先達と蘇峰

多くの先達が政治中心の民権運動に熱心であった時代に、徳富蘇峰はどうして「社会」を発見していたのだろうか。地方名望家の生活実践の中で、観念的政治概念よりも生活社会の現実を大切にする基礎意識があったのはたしかであろう。また、スペンサーのイギリス哲学、マコーレーのイギリス近代史の知識等が触媒として作用していた。明治初期にも「社会」を認知し、重視した先達が存在していた影響も無視できない。蘇峰関連では、新島襄、福沢諭吉、田口卯吉、板垣退助の四人を挙げておきたい。

新島襄は十年近い米欧生活の中で生活体験として市民社会を体得していた人物である。そのことは言葉や行動の端々に表れていたが、学生にうまく伝わったとは言い難い。ただ豪農出身の徳富猪一郎には受け止められた節がある。やがて「新島先生」が大学設立運動や教会合同反対運動を始めた時いちばん信頼されたのが徳富猪一郎であった。新島襄は蘇峰宛の書簡に「君ニハ政治上ノ平民主義ヲ取ルモノニシテ、僕ハ宗教上ノ平民主義ヲ取ルモノナレハ、ツマリ平民主義ノ旅連レナリ」（『新島襄全集3』四八七頁）と書き、蘇峰も新島襄の葬儀の時に、新島の愛句「自由教育　自治教会　両者併行　邦家万歳」の旗幟を贈っている。二人は意気投合していたのである。『国民新聞』事業を始める際、借金五千円の保証人を引き受けたも新島襄であった。

また二人の間にはキリスト教の問題がある。「予は後に新島先生にその洗礼を公然返却し、自由の身と」なったが、「遺憾ながら信仰にも徹底せぬが、不信仰にも徹底しない」蘇峰であり（『蘇峰自伝』六九八頁）、「予は宗教を信ずる者では無いが、好む者である」という蘇峰であった（同、六九七頁）。これが、実質蘇峰が作成した「同志社大学設立の旨意」（本書第Ⅱ部）の中の「基督教主義を以て、我か同志社大学徳育の基本と為す」という文言になった。また「何ぞ平民的道徳とは。その説長し、然れとも一言すれは良心を手腕に運用する也。……彼等は実に上等階級と、下等階級のとの連鎖也。彼等は平均したる国民の精神的代表者也」（「中等階級の堕落」『国民之友』一七二号、明治二十五年十一月十三日）とも言っていた。従来の蘇峰論においては、新島襄の存在が見落とされた研究が多いが、蘇峰における新島の影響はもっと重視されるべきであろう。

青年時代の徳富猪一郎は福沢諭吉の論説を最も熱心に読み、また時には文章まで模倣していた。さらに明治十年代後半は福沢をライバル視しつつ、福沢を継ぐ世論指導者たらんと野心を燃やしたのであった。蘇峰は福沢の死を弔した文章の中で「福澤氏の力は最も多く我国の陋習を笑殺罵倒したる破壊的作用に著名なれども、其の建設的教訓も亦た少しとせす、其の金銭の決して軽んずべからざる、其の政党なる富の昜々然として求め、且つ之を亨け楽しむ可き、其の商工業の尊むべき、其の官吏の激慢なるを抑ゆると共に人民の自ら奮興せざる可からざるを説き、其の社会の組織を平民的に、事務的に、相互的に改革せんとしたる等之なり」（徳富蘇峰「福澤諭吉氏」『中央公論』明治四十年七月、六八頁）と述べているが、この言葉は「社会の改造」言説に表れる蘇峰自身の言動の自画像のように取れる言葉である。

元幕臣だった田口卯吉が、その『日本開化小史』の中で貴族開化から平民開化へ、貴族社会から平民社会への清新な歴史観を用いた時に、徳富蘇峰は深く影響されたのであった。文明史観と呼ばれる田口の歴史観は、日本史の中に鮮やかな近代史観を持ち込んだものであり、社会史的記述を展開していた。その歴史観は初期の蘇峰の作品に反映されたし、何よりもまだ無名だった猪一郎青年の著作を見出し、出版して、一躍言論界の名士に引き立ててくれた恩人であった。

自由民権運動の象徴的英雄板垣退助は自由党総理としてヨーロッパ訪問を行ったが、この旅で西洋文明諸国の「生活社会」を発見して帰国した。帰国報告演説会ではこの「生活社会」の重要さを話したが、この事を新聞で知った蘇峰は、大いに意を強くして、板垣の演説を『将来之日本』に引用していた。また丁重な書簡を送った後で、この著作を携えて土佐に板垣を訪ねたのであった。しかしこの当代きっての名士が蘇峰を理解した風はなく、蘇峰は落胆し両者の関係は途絶えたのであった。

新機軸の学校（大江義塾の方法）

上記の「大江義塾開校ノ祝文」の中では、大江義塾が提供する「日本学問ノ新機軸」を説明して、「東洋流ノ卑屈保守退歩囲規範中ノ学問」に代わる「純然タル泰西自由主義ニ基キ自由主義ノ教育」を「邦語ヲ以テ」行うことと、基本方針を表明していた。もう少し詳しく中身を見ていこう。

　第一に、「現代の日本言葉にて、現代の学問をする事」を定めた。いわく「皇学者は大和言葉で学問をなし、漢学者は漢字、漢文で学問をなし、洋学者は洋字、洋文で学問をなすと云ふ事で、孰《いず》れも普通日本人にとつては、その道行きが甚だ面倒だ。それよりも現代の日本言葉にて、現代の学問をする事が一番近道である」（『自伝』一五二頁）と。

　ちなみに蘇峰は最晩年に母校同志社を訪れた時も「私は英語は甚だ不得手でありますが」（「新島先生の教育とは何ぞ」『新島研究』八号、一九五六年一月）と繰り返していた。ミルトン、マコーレーなどをあれだけ原書で読んでいた蘇峰にして、この発言である。英語漬けの熊本洋学校、同志社英学校の教育が、かえって英語嫌い人間を作ったのである。このような英語コンプレックスがあったことは蘇峰の英米観を考える上で見逃してはならない点である。

　第二に、教育の中身とされた「現代の学問」とは、西洋学（「泰西学問」）を意味していた。詳細な学問教育論は『新日本之青年』の中の白眉の箇所である。それによると伝統的学問である「復古主義」でもなく、さりとて知育過剰の「偏知主義」（蘇峰は少し無理をしながら福沢諭吉を意図的にこの範疇に押し込める）も拒み、また西洋的知育と東洋道徳を組み合わせる知徳両立の「折衷主義」も排撃する。

「折衷論者ハ人ヲシテ知徳背馳《はいち》ノ教令ヲ与フ」（『全集』一四〇頁）、「蓋《けだ》シ知徳ナルモノハ決シテ相ヒ背馳スルモノニ非スト雖《いえ》トモ、其代表タル東西旧新主義ノ相矛盾スルニ因ル而已《のみ》」（同、一四一頁）。折衷主義者を旧型折衷主義と新型折衷主義に区別したが、旧型折衷主義のモデルは竹崎律次郎（茶堂）や共立学舎であろう。新型折衷主義の例には改正教育令期の文部官僚九鬼隆一の名前が挙がっていた。

　なお徳富蘇峰は「知徳一途」を唱えたが、それは知育も徳育も泰西学によるとしたものであった。知育は西洋学問、徳育には「キリスト教主義」を採用する。新島襄の強い影響があった。「東洋ノ清教徒」（『全集』一五一頁）たる青年という言葉も使う。

第三に蘇峰が強調した教育の新機軸はその方法論にも見られる。「吾人ハ断言ス、東洋流ノ学問ハ秩序的ノ学問ナリト」（『全集』一三八頁）。このように「専制命令的」方法に鉄槌を下し、「自由尋問的」方法を採用する。上記の、「大江義塾開校ノ祝文」には、江戸の教育への言及というよりも、時の藩閥政府のよる管理主義についての批判で満ちていた。「現今ノ所謂少年社会」は、「教師ハ学校ヲ以テ牢獄ト誤認シ、其ノ少年ニ接スル厳刻ニシテ「畏懼ノ心ト退縮ノ風ヲ作為シ、其ノ結果ハ他日ニ向テ奴隷人民ヲ製出スルニ過ギズ」と。それを東洋流の秩序的学問、専制命令的方法と言う。これは、「故郷に帰へり、私塾を開いたが、その目標は常に官学であつた。即ち官学何物ぞといふ気分」（『自伝』六四一頁）と言っているように、改正教育令以降、保守化した文部行政下の現実を意識した新方式の提唱であった。

実際、大江義塾は身分意識を意図的に破壊した斬新な教育現場を実現した。生徒の一人だった宮崎滔天は塾の実体験をこう書く、「大江義塾は徳富猪一郎先生の手で開かれたる家塾にして、余は実に蘇峰先生の門弟子となりたるなり。先生は自由民権主義の鼓吹者たると同時に、其教育法も極端なる自由放任主義なりき。彼は門弟子が先生と呼ぶを允《ゆる》さずして其名を呼ばしめたり。故に余等は徳富先生と呼ばずして猪一郎さんと云へり。学課日程は教員と猪一郎さんと之を定むと雖、別に塾則為るものを置かざりき。故に塾生は自ら議して塾則を設けたり。」、「一方には猪一郎さんが口角沫を飛して仏国革命史を講ずるあり。而も談佳境に入るや、弟子覚えず矢声を上げ、立上つて舞ひ、刀を抜いて柱に斬り掛けるものあり。されど猪一郎さんは此狂気に近き挙動さえ制せざれき。……殊に余をして驚異せしめたるは、毎土曜に於ける演説会の光景なり。塾生中の年長者は言ふに及ばず、十二三の鼻垂坊に至るまで演壇の弁士たることなり。……」（宮崎滔天『三十三年の夢』〈東洋文庫〉100、八頁）。同様の光景は、徳富蘆花の小説『思出の記』に描かれた「育英学舎」の駒井先生にも鮮やかである。

第二節　社会の改造

徳川旧体制

これら教育の新機軸方式は学校事業の目的と密接に関連していた。目的とするところは、政治活動以前に、人づくり、社会づくりをすることにあった。これは自由民権思想を、非政治的処方箋によってこの国に植え付けることだったとも言える。それならばどんな新人をつくり、どんな新社会に改造したかったのか。それを知るには過去の社会、過去の日本人をどう捉えていたかを押さえる必要がある。

徳川伝統社会はどうイメージされていたか。ところで徳川体制は徳富猪一郎五歳の時に瓦解していたから、旧体制下での生活体験は希薄であった。さりとてそれは遠い世界ではなく、身近な生き証人から伝わる世界であった。たとえば、天保の改革について「太平の社会を震動せしめ、半世紀後の今日に於て、白頭の父老之を語りて唇角の微顫《びせん》あるを覚へしめたるは何ぞ」（『吉田松陰』『全集』一七六頁）と想起することができた。また、著書『吉田松陰』の補注には、天保、弘化期の農夫、大工、高利貸し、大商人、借金まみれの武家、の具体的家計状態の記録（『全集』一八〇―一八一頁）を採録してあるように、文献により時代を追体験していた。それらをイギリス史から得た概念と組み合わせることで徳川社会は説明されたのであった。

伝統社会の自由の不在、身分制の不合理に辟易していたのは事実である。その徳川社会を蘇峰は、主人と奴隷、終生快楽と終生苦業、の「鉄線」で区画された世界（『新日本之青年』『全集』一五三頁）として描いた上で、差別社会、卑屈人間の不自由世界として語った。またこれは、福沢諭吉の「権力の偏重」を思わしめる指摘であるが、「之ヲ要スレハ封建社会ニ於テハ。上《か》ミ征夷大将軍ヨリ下《し》モ庄屋ニ到ル迄。皆一様ニ上ニ向テハ無限ノ奴隷ニシテ下ニ向テハ皆無限ノ主人ナリ」（『将来之日本』『全集』一〇二頁）とする重層的な人間関係の社会とも説明した。そして徳川世界の構造を鮮やかに描いたものとしては『新日本之青年』の「習慣ノ専制」の解説を挙げておきたい。

封建社会ノ存セン限リハ。将軍ノ子ハ将軍トナリ。諸侯ノ子ハ諸侯トナリ。士農工商ノ子ハ士農工商トナリ。動ク事ナク。転スル事ナク。唯一《ただいつ》ニ旧慣ニ是レ仍《よ》ルノミ。然ラハ則チ社会ノ主権者ハ誰ソヤ。所謂ル最上ノ層楼ニ立ツ所ノ将軍ナルカ。……是レ実ニ皮想論ノミ。乞フ吾人ヲシテ再言セシメヨ。当時実際ノ主権者ハ果シテ誰ソヤ。若シ高眼明識ノ士ヲシテ在ラシメハ必ス曰ントス。天子ニ非ス。諸侯ニ非ス。士農工商ニ非ス。必ス別ニ存スル物アルヲ。其ノ物トハ何ソヤ。曰ク習慣是也。蓋《けだ》シ習慣ノ尤モ跋扈《ばっこ》スルハ。封建社会ヨリ甚敷《はなはだしき》ハナシ。彼ノ封建社会ハ習慣ニ依テ立チ習慣ト共ニ存スル者ナリ。一ビ習慣ヲ破却スルトキハ其ノ組織一時ニ壊乱スルモノナリ（『新日本之青年』『全集』一一六頁）。

さまざまな形容や事例を挙げ、読者を共鳴、納得させる文体でもって江戸時代の「習慣ノ専制」を以上のよう描いたのであった。J・S・ミルは『自由論』の中で、「〔東洋〕世界の大部分は、正確にいうならば、歴史をもっていない。習慣による専制的な支配が完璧だからである。これが東洋全体の状態である」（J・S・ミル／早坂忠訳『自由論』〈世界の名著〉38、二九六頁）と論じたが、多分この句に触発されたのであろう、蘇峰は、我が意を得たごとくにミルを祖述しながら右のように論じたのであった。

改革の順序

ところが「歴史をもっていない」とJ・S・ミルに酷評された東洋、鉛のように沈滞した発展のない停滞社会、その東洋の一隅に明治維新という大変動が起きた。そこで今度はミルの指摘を逆手にとって、誇らしく語った。「然レトモ〔徳川〕政府ノ顚覆《てんぷく》ト共ニ併セテ社会ノ全体ヲ顚覆シ。政府ノ改革ト共ニ同シク社会ノ全面ヲ改革シ。其ノ改革ノ猛勢ハ止マラント欲シテ止マルヲ知ラサルノ一点ニ到リテ千古ノ奇観殆ント我カ東洋ノ歴史ニ比類ナキヲ見ルナリ」（『将来之日本』『全集』一〇三頁）と。日本においては、あの「習慣ノ専制」を打ち破り、社会の改革が進行し始めている。「我カ東洋ノ歴史ニ比類ナキ」「千古ノ奇観」の例外が出現している。政治変革に続いて社会の改革も始まったと胸を張るのである。

そしてこの時、蘇峰はイギリス革命と比較しながら明治維新について、ユニークな傾聴すべき次のような指摘を行う。「彼レ〔イギリス〕ハ思想ノ改良ヨリシテ政治ノ改良ニ及ヒ、我レハ政治ノ改良ト共ニ思想ノ改良ヲ計リ、彼レハ社会ノ進歩ヨリシテ政治ノ進歩ヲ喚起シ、我ハ政治ノ進歩ヲ計リテ以テ社会ノ進歩ヲ誘導セント欲シ、彼レハ旧慣故例ヲ以テ自由ノ進歩ヲ助ケ、我ハ旧慣故例ヲ以テ自由ノ進歩ヲ妨ゲ……彼ハ其ノ失ヒタルモノヲ恢復スルナリ、我ハ未ダ有セサルモノヲ攫取スルナリ」（「明治廿三年後ノ政治家ノ資格ヲ論ス」『全集』二四頁）と。

事実経過として改革の順序が、イギリスと日本とでは逆だと言うのである。イギリス近代史では、まず思想が熟成し、その後に政治改革の及んだ（たしかに理論家ジョン・ロックの後に名誉革命があった）、さらにイギリスは「社会ノ進歩」が先行し、その後から「政治ノ進歩」が実現した。これに対して明治維新では「思想ノ改良」と「政治ノ改良」は同時進行し、そして「政治ノ進歩」の後から「社会ノ進歩」を「誘導セント欲」するプロセスが生まれて今に至る、とする。またイギリスでの「自由」は、一時失われていたものを回復することであったが、日本における「自由」は未験の価値の獲得問題である。このように蘇峰は「社会ノ進歩」と「政治ノ進歩」とを要素別に分析することによって、日本には社会改革が立ち遅れている点を剔抉するのに成功していた。〔補注。別の箇所では思想の改革（泰西学問の萌芽）が政治の改革（西郷、木戸、大久保の活躍）に先行したという議論をしているが（『新日本之青年』『全集』一二九頁)、植手の言うようにこれは議論の視角の違いからであろう(「解題」『全集』三七四頁の注1。)

政治の改革より人間の改革を先行させるべきだと蘇峰が論じたことを前述したが、これらの発想に共通するのは明治維新が政治先行の改革であったために、人間論としては近代市民の形成が遅れ、社会論としては平民社会づくりが遅れていると見る歴史認識であった。「吾国ノ人民ハ米国人民ノ如クナラズ、未ダ自由ノ何物タルヲ知ラズ、権理ノ何物タルヲ知ラズ、人民ニ自由ノ政治ヲ行フモ人民ハ権理ヲ守ル能ハズ。義務ヲ尽ス能《あた》ハズ。……苟《いやしく》モ其人民ニシテ野蛮卑屈ナルトキハ、又タ一変シテ専制政治トナルコトヲ」(『大江義塾雑誌』明治十九年五月下浣、『資料』六六二頁)とも言う。いくら政治改革を先行させても人間が「野蛮卑屈」の旧人間であれば、ふたたび専制政治が復活するという警告である。

政治改革よりも社会改革の重視を唱えたこの見識のもつ意味は大きく、「よしやシビルは不自由でもポリチカルさえ自由なら」と唱えていた自由民権運動家たちの政治中心の運動と一毛千里の差を生むこととなった。社会改革ならば、思想の自由やシビル・リバティーの獲得、社会的西欧化が重要課題になる。ここでも、イギリス史におけるミルトンを引き合いに出す。「嗚呼社会ノ自由、思想ノ自由ハ実ニ政治ノ自由ト共進併行、未タ嘗《かつ》テ須臾《しゅゆ》モ離ル可キニ者ニアラス。苟《いやしく》モ離レハ則チ真正ナル自由ノ世界ニ達スル事ハ能ハサル也。是レ彌耳敦《ミルトン》氏カ自ラ振テ激戦苦闘、好ンテ此ノ危険ヲ犯シタル由縁ニアラスヤ」(「明治廿三年後ノ政治家ノ資格ヲ論ス」『全集』二九頁)と。社会の自由、思想の自由を伴わない政治改革では「真正ナル自由ノ世界」に到達できないからである。

蘇峰が描いたイメージは中等社会、平民社会の実現であった。ペリー来航から廃藩置県までに展開された歴史事項を挙げた後で、「此《かく》ノ如キ豈《あ》ニ夢ニタモ当時改革者ノ胸ニ廟算ノ預《あらかじ》メ存シタルモノナランヤ。唯臨機応変ノ処置ハ知ラス覚ヘス。我邦ノ武備社会ヲ一変シテ生産社会トナシ。貴族社会ヲ一変シテ平民社会トナスノ大基礎ヲ築キタルナリ」(『将来之日本』『全集』一〇三頁)と歴史過程を分析していた。維新革命の成り行きは最初に変革を仕掛けた先達の思惑を越えて進展し、平民社会の「大基礎ヲ築」くところまで達しているというのである。ただしこの社会の改造は自動的に進行するものではない。

課題としての「社会の改造」

政治変革の後に続くべき「社会の改造」問題は、十九世紀文明思潮の中での歴史の動向であるとしつつ、これから作為すべき課題として語られる。

「今ヤ我邦ハ第十九世紀文明大気運ノ中心ニ囲繞セラレ。其ノ風潮ノ衝ニ立テリ」（『新日本之青年』『全集』一五三頁）。幸い時勢は十九世紀文明の下にある。つまりそれは専制から自由への道程であり、社会の改革はすでに始まっていることになる。「専制ヲ顚覆シ。之ヲシテ各人各箇ノ其ノ運命ニ応シ。其ノ稟賦ニ応シ。其ノ勤怠ニ応シ。応分ノ快楽幸福ヲ享有スルノ自由世界トナサシメタリ」（同、一五三頁）。「専制君主中ノ専制君主タル。習慣ノ支配ヲ撞破シテ。真理ノ支配トナサシメタリ」（同、一五三頁）と。

また言う「今ヤ我国人ハ旧日本ヲ去レリ、而シテ未ダ新日本ニ来ラズ。専制ノ世界ヲ出タリ、未ダ自由ノ世界ニ入ラズ。此ノ中間ハ決シテ吾人ガ久住ノ地ニアラザルナリ」（「明治廿三年後ノ政治家ノ資格ヲ論ス」『全集』二三三頁）と。「専制世界」から「第十九世紀文明世界」（『新日本之青年』『全集』一五二頁）へ、「専制ノ世界」から「自由ノ世界」への移行が課題として迫っていた。

「少年社会」としての大江義塾の存在理由もここに置かれた。「今ヤ吾輩ハ不肖ヲ顧ミズ、茲ニ一個ノ新乾坤ヲ開拓シ以テ少年社会ヲ創立セントス」（「大江義塾開校ノ祝文」『資料』三三一頁）。「我少年国ヲシテ不羈《ふき》独立シテ自主自由ナル世界トナシ」、日本の未来を担うために「我ガ大江義塾モ亦是等ノ人物ヲ産出スル一部タランコトヲ熱望スルナリ」（同、三三二頁）と。建塾の目的、建塾の精神はここにあった。このように学校社会という青年育成の場を根本的に革新したのが徳富猪一郎の大江義塾であった。否定すべき人間類型は、「卑屈野蛮」で自由や権利に無知の者、従順なる臣民、などの形容が付されて諸所で説明されていたが、これら旧人間の改造機関が大江義塾なのである。

「智識世界第二革命」

この改造に際して唱えた言説に「智識世界第二革命」があった。いわゆる第二維新論の一つと言えよう。「吾人ハ諸君ト共ニ此ノ第十九世紀宇内文明ノ大気運ニ頼テ我国ノ時勢ヲ一変シ。以テ智識世界第二革命ヲ成就セント欲ス」（『新日本之青年』『全集』一五三頁）と。

明治十年代中葉に唱えられたこの「智識世界第二革命」の特徴を挙げれば、第一に「中等社会」の形成を目的にしたこと、第二に破壊でなく建設の革命であること、第三に担い手を「白面青年」に求めたことにあった。政治の改革が先行した明治維新に、社会の改革をもたらし平民社会を築くのが第二革命の課題であった。

「〔イギリスでは専制と自由とが〕相撞着シ相格闘シ、自由ノ思想ハ終ニ専政ニ打勝チ……社会ノ景状駸々乎トシテ富昌ノ点ニ進ミ、中等社会ナルモノノ権力大ニ増進シタルカ故ニ、社会ハ自カラ自由ヲ好尚スルノ点ニ赴キ、如此《かくのごとく》自由ノ思想内ニ動キ自由ノ社会外ニ応シ……」（『明治廿三年後ノ政治家ノ資格ヲ論ス』『全集』一二四頁）という歴史をたどったように、日本の第二維新の向かう先も「中等社会」の増進、そして「自由ヲ好尚スル」社会づくりという文明化にあった。そして教育の目的については「彼〔旧学のこと〕ノ目的ハ従順ナル臣民ヲ作ルニアリ。此〔大江義塾〕ノ目的ハ不羈独立ナル自由人ヲ為ルニアリ」（『新日本之青年』『全集』一三九頁）と宣言するのであった。「中等社会」は自由人によって作為されるものだからである。

明治十年代中葉はもはや破壊の時代ではなく、建設の時代であることを標榜することは、この頃の福沢諭吉の

「建置経営」の主張と共通する。それ以前、幕末維新の政治改革が破壊に意義があったこととの対比においての発言である。蘇峰はここでもイギリス革命を意識する。「我国将来ノ時勢ハ、決シテ維新前破壊的ノモノニアラス。又第十九世紀英国守成的ノモノニアラス。実ニ一種未曾有ノモノニシテ、強テ古今ノ歴史上ニ其ノ比ヲ求メント欲セハ第十七世紀英国革命ト稍《やや》其ノ皮相ヲ同フスルモノアリ」（「明治廿三年後ノ政治家ノ資格ヲ論ス」『全集』二四頁）と。

ただ福沢との相違点を指摘しておくと、同じように建設の時代を口にしながら福沢のそれが士族を中心的担い手にしたことに蘇峰は猛反発して痛烈に批判した点がある。明治十六年『東京毎週新報』に四回にわたり連載された「官民ノ調和ヲ論ス」である。豪農出身の蘇峰の唱えたのは平民本位の官民調和であり、平民主義であった。

ただしこの社会の改造は自動的に進行するものではない。明治の現状を分析しながらここで世代論を展開する。「現時ノ社会ヲ支配スル大人殊ニ其先達タル学者及有志家等」たちは「知識世界第二ノ革命」の「率先者」つまり先鞭をつけた者にすぎない。本格的な社会の改造の中心人物は誰か。「而シテ其ノ果シテ此ノ革命ヲ首尾能《よ》ク成就スルト否トハ其ノ主動ノ機関タル青年其人ニ存スルト謂ハザルヲ得ズ。」、「諸君ハ革命ノ主人也」（『新日本之青年』『全集』一五一頁）と。第二の革命の成否を決するのは青年たちの世代である。無名、下積みの「白面青年」なのである。青年に向かって檄を飛ばす。「諸君ニシテ実ニ自ラ決心スル処アラハ、我将来ノ社会ハ皆諸君カ欲スル所ニ是レ行カン而已《のみ》。」（同、一五四頁）、「我カ学問及教育世界ノ時勢ハ、諸君カ服従スヘキ時勢ニ非ス。之ヲ制伏シ、之ヲ改革スヘキノ時勢ナル事ヲ忘ル可カラス」（同、一五四頁）と。

ここに、ほぼ大江義塾時代の徳富蘇峰の考えの輪郭が現れたと見ることができる。「青年」が「社会ノ後継者」であることを強調しているが、大江義塾を考える場合、「青年」「社会」は重要なキーワードである。大江義塾が、斬新で青年の心を鷲づかみにする魅力的な学校であったことが想像つくであろう。

人類の歴史を顧みれば、新時代を築いたのは常に先見性のある少数派であった、という論理がそこには見える。

今は少数派にすぎないが、未来社会の主人公を形成するのはこの少数派である。「古往今来社会ノ悪風ヲ掃蕩シ……雄壮ナル改革者ノ月桂冠ヲ被《かぶ》リシ人々ハ……社会ノ人士カ夢ニタモ想ヒ及ハサル所ノ一種剛鋭活発ナル白面書生」（『新日本之青年』『全集』一二四頁）である。「然ラハ則チ今日我邦ノ青年社会ヲ以テ、他日ノ社会ヲトスルモ、吾人ハ決テ其ノ過《あやま》タラザルヲ知矣」（同、一二三頁）と。この少数者重視に関しても、ミルの影響を感じさせられる。ミルは「大衆の専制」の危険性を論じた中で「とくに例外的な個人が、大衆と異なった行動をとるのを、ひきとめられずに奨励されなければならないのである」（J・S・ミル『自由論』一九二頁）と述べていた。この明治十年代中葉から十年間ほどの蘇峰の発言には、少数派、例外的人物こそが未来の正論を形成することを説いていた演説、青年を魅了する論説がひんぱんに出現していた。

「改造政治家」

次に蘇峰の構想が新しい政治家の育成論にも及んでいた点を紹介する。「改造政治家」と呼んでいた。政党よりも学校を、と長期構想事業に手を染めていた蘇峰は、人材育成機関である大江義塾で新社会を「作為」する新政治家を育成することを計画していた。

いわく「我ガ明治二十三年後ノ時勢ハ……新日本ヲ作為スル創業ノ時勢ナリ。ソノ創業ハ一ノ専制ヨリ出デテ亦他ノ専制ニ変スルニアラス。一ノ専制ヨリ又他ノ自由ニ進ムモノナリ。之ヲ要スルニ旧政ノ破壊ニアラスシテ新政ノ建設ナリ。政治ノ変化ニアラスシテ政治ノ進化ナリ。時勢既ニ如此《かくのごとし》矣。然ラバ則チ此ノ時勢ニ乗ジ驚天破地ノ大事業ヲ負担シ得ルモノハ、ソレ唯改革政治家ニアラスシテ誰ゾヤ」、「之ヲ要スルニ改革政治家ナルモノハ、純乎タル学者ニモアラス、又ハ純乎タル実務家ニモアラス。即チ遠ク社会ノ外ニモ出デス、近ク社会ノ内ニモ居ラス、学者ト社会ノ中間ニ立チ以テ輿論ヲ率先スルモノナリ」（「明治廿三年後ノ政治家ノ資格ヲ論ス」『全集』二三一―二五頁）と。

このように「改革政治家」では「社会」との独特の距離が注目される。社会とは着かず離れず、社会を対象化しうる位置に立ちながら「社会」を動かす存在たらしめようとした（K・マンハイムの「自由に浮遊する知識人」？）。より具体的にはこう言う「改革政治家トナラント欲セハ、学者ト実務家ノ性格ヲ有セサル可カラス。……然ラハ此ノ二者ノ性格ハ、改革政治家タル資格ニ充分ナルカ。……吾人改革家モ亦此ノ胆力ヲ要スル也。……曰ク学者ニシテ壮士ヲ兼ネザル可カラス。壮士ニシテ学者ヲ兼ネサル可カラス。即チ今日ノ改革者ナルモノハ、左手ニ彌耳敦《ミルトン》ノ書ヲ握シ、右手ニ含伯田《ハンプデン》ノ剣ヲ提ゲザル可カラスト」（同、二六頁）。「自家ノ思想ヲハ自家ニテ自由ニ定メ」ること（同、二九頁）と。

「学者ト実務家」また「胆力」を必要とする点では「学者ニシテ壮士」であれ、と言う。イギリス史におけるミルトンの学とハンプテンの剣を兼有せよ、と言う。あるいはまた「立憲政治家ノ学識ト熟練」（具体的には「学者」）と「東洋流ノ創業者ノ胆力」（具体的には「壮士」）（同、二七頁）の統合が期待された。和田守は「学者」を改進党、「壮士」を自由党に「相応している」と見なすが（「解説」『資料』八五〇頁）、そうも言いきれないであろう。職業的政治家となりながらも非政治的要素、社会人的要素を備えた人物像であった。後に『国民之友』の論説において「兼業の政治家」と呼ばれるもので、それは当時の「専門の政治家」の「士族性」批判を意味し、それは「政治でメシを食う」職業政治家批判を意味したことは、すでに和田守論文（『思想』一九七三年三月）に詳しい。

しかし、現実の明治社会に出現している政治行動様式は、一方では乱暴な壮士、他方では猫のように権力者に媚びて世渡りをする叩頭《こうとう》青年であるのを観察して、危惧を深めるのであった。上記の「明治廿三年後ノ政治家ノ資格ヲ論ス」を書いたのは明治十七年一月であったが、その年の七月に高知を訪問した蘇峰は言う「予等はもつぱら壮年の諸君と交際したが、彼等は別に読書するでもなく、学問をするでもなく、唯だ悲憤慷慨して酒を飲んでゐた」と（『自伝』一八六頁）。別の光景としては出世にあせる青年の「叩頭学」の流行であり、政治家で言えば「幇間政治家」の横行であった。「一定ノ主義ヲ有セス、其私利ヲ営ム外ニハ更ニ一定ノ主義ヲ有セス」。「自由主義ニモアラス、専制主義ニモアラス、専制家ト雖トモ又ハ近来ノ自由家ト雖トモ信奉セサル可ラサル一種ノ主義アリ。乃チ籠絡主義ナルモノ是レ也」(『全集』二九頁)と。人を丸め込んで世渡りする政治屋の出現であった。

教育の三大敵

さらに最近まで封建的専制の下にあったこの国で、新青年を育成するには三つの困難があると言う。第一に「老人輩」(『新日本之青年』『全集』一五一頁)、第二に「今日の不景気」などの「生活社会の困難」(同、一五二頁)、これは当時、松方デフレの中にあったことを指す。そして第三に「学問世界の境遇」(同、一五二頁)である。これは、教育界に出現している「知徳牽制的ノ教育法」(同、一四七頁)を意味した。つまり「知育偏重」を儒教主義的徳育で牽制する文部省や、官立学校の「器械的ニシテ、一ノ規矩準縄ノ下ニ教育スル」(同、一五〇頁)こと等を指していた。

蘇峰の論理でいけば、教育が停滞することは「社会の改革」が停滞することを意味した。後述する蘇峰の「私立学校論」が叫ばれる必然性がここにあった。「純粋ナル新主義的ノ私立学校ヲ設立スルハ今日ノ急務ニ非スシテ何ソヤ」と(同、一五一頁)。ここに新島襄の同志社大学設立運動に協力する動機も潜んでいた。

もう一つ指摘している大事な指摘は、封建的根性が個人に内面化されている現状である。「大敵ハ彼ノ反対党ニアラスシテ、吾人ノ足下ニアリ」「卑屈偏癖ナル人民ノ上ニアル専制ノ政府ハ、縦令《たとい》之ヲ改革シタリトテ、直ニ自由ノ世界トナル事ハ夢ニタモナキ事ナリ」(「明治廿三年後ノ政治家ノ資格ヲ論ス」『全集』二八頁)と。あるいは「隣人の愚妄迷溺偏癖ヨリ来ル圧政」という問題がある。自由を体験的に経験していない「卑屈偏癖ナル人民」には「自由ノ世界」は成立しない。繰り返しになるが人間づくりの問題となる。政治上の専制は明快であり打倒もしやすいが、人心や社会習俗の中に根づいている内面的専制の改革は未解決のままであった。

敵《かたき》は永らく伝統社会に巣くっていた「専制主義」である。「社会改造」は目標、その方法は教育、担い手は青年。それらの自在な組み合わせが大江義塾で説かれた蘇峰の見識であった。この時期の猪一郎の発言を表すキーワードは、社会、改革、青年、教育の四つである。そこで比較の対象とされたのは十七世紀イギリス革命期の政治状況であり、反面教師がステュアート朝であり、学ぶべきモデルがミルトンとコブデンの言動であった。

大江義塾の閉鎖

明治十九年七月、大江義塾の夏休み、蘇峰は教育事業のかたわら、三度書き直して完成した『将来之日本』を提げて、板垣退助を高知に訪ねた。それをいちばん読んでもらいたかった人物だったという。

その時板垣退助に向かって伝えた文章の一節が注目される。「小生不肖天下ノ志士ヲ以テ自ラ任スルモノナレハ、決シテ一土地一地方ノ利益ヲ而已《のみ》目的ト致ス訳ニ無之。サレハ爾来九州ノ一志士トシテ御交際被下候テハ甚タ迷惑ノ儀ナレハ、願ハクハ日本ノ志士トシテ御交際被下度候」（「政治的交際ニ付板垣氏ニ与ル書」明治十九年七月二十六日、『資料』一六六頁）と。これは新展開である。蘇峰の野心は、九州の片隅で教える学校事業家を越えて「日本ノ志士」に膨張していたのである。そしてその足で東京に向かった。

この時蘇峰の信頼を得て秘書のように同行していたのは人見一太郎である。その人見一太郎に「胸中の秘策」、大江義塾閉鎖の意を伝え、蘇峰の代理人として熊本に帰らせ、塾閉鎖の伝達を依頼した。塾員も増え繁栄している最中の唐突な廃止である。

蘇峰が挙げた閉校の理由は「大江義塾沿革誌」に載っているが（『資料』三二九—三三〇頁）、説得の要点は、普通の学校と違いこの塾は、元々各自が自己責任で参加してつくってきたもの、「己ヲ以テ己ヲ教育スルノ学校」であること、今回、一地方の事業を各自の努力で「第二ノ大江義塾ヲ開拓センカ」と誘導し、全国版に拡大するために発展的に解消するためというのであった。それを代理人の人見が塾生に伝え、その場にいた蘇峰の父徳富一敬の強い賛同表明が加わったことも後押しして、あっけなく廃止が決まった。

こうして開校時、県の認可以前に始められた大江義塾は、閉校時も塾長の一存で決定された。寿命四年七カ月、入塾生総数およそ三百有余名、現在では考えにくい乱暴な幕引きであった。まだ教育の求められていたのが学歴ではなく学力の時代であったことも閉鎖を容易にした一因であろう。

問題になるのは結局、学校事業の一番の主眼がどこにあったのかである。結果から見れば「学校事業」そのものに使命感をもっていたのではなかったのは明らかである。社会の改革のための一手段としての教育事業が大江義塾だったのであり、それを今度は「日本の志士」として、全国展開しようとしていた。九月十四日に「ギジクブジトケタ」の電報受け取った後、蘇峰は帰郷し、徳富家の家財道具等を処分し、両親と徳富夫妻の四人および「同志の士十数人相携えて熊本を立つたのは、明治十九年十二月一日であつた」(『自伝』二二九頁)。

第三節　ジャーナリスト徳富蘇峰

『国民之友』

『将来之日本』が田口卯吉の経済雑誌社から出版されたのは、蘇峰が熊本に帰郷していた間の明治十九(一八八六)年十月であった。幸い好評であった。やがて一家は赤坂の借家に落ち着いたが、この頃のことを「定まりたる職業も無ければ、収入も無く、全く徒手空拳にて、吾運命を試す事であつた」(『自伝』二二九頁)と述懐している。しかし心積りはできていた。「予は初から新聞に心があつた。されど多少とも新聞に経験ある予は、容易に手を出すべきものでない事を知つてゐた。そこで新聞を後回しとし、暫らく雑誌を以て満足する事とした。……『将来之日本』が、吾が運命の道開きをしてくれた以上は、猶更ら此の際雑誌を刊行して、吾運を試して見度きものと考へた」(『自伝』二二三頁)。

民友社を設立し、『国民之友』創刊号を出したのは、翌明治二十年二月十五日であった。「当時雑誌の発行部数は、概ね千部以下にて、通常五百、六百といふ位にて、千部超ゆれば先づ盛んなり」という時代に「思ひ切つて多く刷つたが、見る間に売切れ、再刊、三刊の止むなきに至り、遂に総数万位に上るに至つた」(同、二二三頁)。これも今日の言葉で言えば二十四歳で立ち上げたベンチャー事業で大成功を収めたということであった。

『国民之友』刊行で始まるジャーナリスト徳富蘇峰の仕事は、大江義塾あるいは時に『東肥新聞』などで試みた演説や情宣活動を、社会全体に拡大したものであったと言える。その中身も、大江義塾時代の「社会の改造」運動の構造を、そのまま同心円状に全国に拡大したものに他ならなかった。ただその対象が、雑誌の名称『国民之友』が示すように、また「我か全体の国民、殊に未た改革の恩光を夢にたも被りたることなき、多数人民の朋友を以て自ら任するものなり」(「嗟呼国民之友生れたり」『国民之友』一号、明治二十年二月十五日、二三頁)と宣言したように、多数国民に拡がっていた。学校事業に代えてジャーナリズム業を始めたことで、いわば大江義塾を全国版社会教育事業に拡大したという意識もあった。

ジャーナリズムの使命

蘇峰は、学校事業に代わってジャーナリズム事業に乗り出すことに、どういう意味を見出していたか。たまたま『国民之友』誌上にジャーナリズムの存在意味を説明した一文を見つけることができた。

その中で蘇峰は新聞事業の職分として「代表的職分」「批評的職分」「命令的職分」の三点を挙げる。ここに言う

「職分」とは、使命のことである。第一の「代表的職分」は、「社会の事実を取捨選択する義務」で、紙面に「最も清鮮にして、最も粋美なる事実」を掲載する使命。現代で言えば「事実の報道、真実の報道」に当たろうか。ただしその選択こそ、ある事実を価値化する新聞の重要な機能だとする。第二の「批評的職分」は、事柄を「分析し、解剖し、以て其所を得せしむ」ること。さしずめ価値判断を明示した「コメント」部分である。第三の「命令的職分」は、「之が勧告者となり、之が教訓者となり、之が命令者」となって紙面で提言すること。すなわち新聞記者が社会変革の方向付けをすることである。それは総理大臣に対しても、国会に対しても、輿論に対しても、新聞記者としての独自の見識を発言することであった。この職分について「彼が是時に於ける、宛も予言者の世に出るが如き趣あり」としている（「新聞記者」『国民之友』一二五号、明治二十四年七月二十三日）。新聞記者にいわば「自己成就的予言」をすることを求めていたのである。筆の力で社会を動かして見せる野心に溢れていた。まさに社会の改造の強力な手段としてのジャーナリズムであった。

創刊の理由

『国民之友』創刊号には、雑誌創刊の理由を伝える若々しい名文「嗟呼国民之友生れたり」がある。いわく「所謂る破壊的の時代漸《ようや》く去りて、建設的の時代将に来らんとし、旧日本の故老は去日の車に乗して漸く舞台を退き、新日本の青年は来日の馬に駕して漸く舞台に進まんとす、実に明治二十年の今日は、我か社会か冥々の裏に一変せんとするものなりと云はさる可らす。来たれ来たれ改革の健児、改革の健児、改革の目的は、社会の秩序を転覆するにあらず、之を整頓するにあり。……」（「嗟呼国民之友生れたり」『国民之友』一号、明治二十年二月十五日、二二一―二二三頁）と。

高揚した意気が伝わる宣言であるが、ここでの主張はこれまで見てきた大江義塾時代の言説そのものである。つまり新日本の青年の若い力で、明治の社会を一変し、中等社会に変えていく課題の道半ばであることを強調する。「彼の改革家たる諸氏は、……所謂る改革の一部分を成就したれは、今は悠々然として安息するも、……社会全体の改革も亦安息すへしと速了する者あらは、吾人未た其の可なるを見さるなり」（同、一三頁）、「現今の所謂新日本なるものは、実に不完全の新日本なり」（同、一五頁）。「一の改革家安息するか故に、社会全体の改革も亦安息す可しと速了する者あらは、吾人未た其の可なるを見さるなり」（同、一三頁）と、このように「社会全体の改革」が現在の課題であることを知覚させ、少々の改革に安住しようする先輩連をいましめ、「旧日本を破壊して、新日本を建設するは、維新改革の大経綸なり、大目的なり」（同、一四頁）とする。

そして改革の旗を掲げながら、あくまでも建設的活動であること「改革の目的は社会の秩序を顛覆するにあらす、之を整頓するにあ」ることを言い忘れなかった。前述してきた大江義塾時代の構想と論理そのままであることが分かる。ただ今回はそれを『国民之友』誌を通じて全国に発信したのであった。

文明青年たちへのメッセージ

以下、すでに大江義塾の説明で目にしたことの再確認のような言説になるが、さらに続けて蘇峰の声を聞いてみよう。社会の改革の担い手「改革の健児」としては、やはり「青年」を挙げる。「社会地層中に埋没せる一の階級を見よ、……吾人は此を名付けて青年書生の階級と云ふ、……社会には二箇の階級あり、曰く有するもの、及ひ有せさるもの是なり、……彼の青年書生の如きは、固より有せさるの階級に属し而して又た其の重なるものなり、……」（「新日本の青年及ひ新日本の政治（第二）」『国民之友』六号、明治二十年七月十五日、二頁）、あるいは「吾人は其の〔社会の上層の〕勢力を以て、退嬰的なりと思ふ、……然らは則ち政治機関の推進力は……吾人は特に青年書生の仲間より来ることを断言す、何となれは彼れは野蛮人の活動力と文明人の企業心とを具有する一種奇々怪々の動物なれはなり」（同、三頁）と。

しかし、「破壊」型の政治活動には厳しい。「明治の最近十年間、政変の歴史は、壮士の歴史なり。これを切言すれば乱暴の歴史也、失敗の歴史なり、而して又た悲嘆の歴史と云はさる可らす」、「彼等は時勢を知らす、即ち建設的の時勢に立て、破壊的の事業を試みたり」（「新日本の青年及ひ新日本の政治（第二）」『国民之友』七号、明治二十年八月十五日、九頁）。

「既に青年書生か政治運動の要素なるを知らは、此の勢力を誤用して、一躍直ちに其の目的を達せんとするの行険者あるを知らさる可らす。……世の所謂る壮士なるもの是なり、……過去の十年間に於ては、彼等は無限なる政治の主導者なりし、……大久保氏を紀尾井坂《きおいさか》に要撃したる島田一郎等より、下は福島事件、高田事件、加波山事件、埼玉事件、飯田事件、静岡事件、近くは大阪の獄の如き、青天白日に霹靂《へきれき》を飛はし、明治政府に無数の心配と厄介とを被らしめたるものは誰なる乎、是れ皆多くは壮士の仲間なり、而して殊に多くは青年壮士の仲間なり」（同、八頁）と。過激化した自由党の運動をこのように切り捨てる。

この壮士に代わるべき建設的青年へ向けて、あたかも彼らが現在実在するような自己成就的予言を掲載する。「今後こそ新日本の青年か、其の勢力を政治に応用するの時節なれ、然り如何にして応用すべき乎、……進歩の報告者となり、改革の案内者となり、政治運動の先登者となり、……明治老人の思ひ及はざる思想を以て、明治老人の思ひ及はざる運動をなし、新日本政治の歴史に、百尺竿頭《ひゃくせきかんとう》一歩を進むるは、青年か其の勢力を、政治に応用する所以の要点なり。而して此の責任に任する青年は、純白の青年ならざる可らず、天真爛漫の青年ならざる可らず」（「新日本の青年及ひ新日本の政治（第四）」『国民之友』九号、明治二十年十月七日、九頁）と。

士族社会から中等社会へ

さらにここで「青年」にも増して目立ってきた言葉が「中等社会」であった。それは「士族社会」への批判を込めての平民主義の旗を掲げることでもあった。

「蓋し我が維新以来二十年間の歴史に於て、最も政治の大局に変動を与えたる者は、士族てふ一種の階級にてありし。……」(「隠密なる政治上の変遷（第二）」『国民之友』一五号、明治二十一年二月三日、一頁)。「然れとも斯《こ》の形体上に於ては一朝にして一国の平民社会と為りたるも、其の胸中の『士族根性』を如何にして擲《なげう》ち去らん乎《や》。……」(同、二頁)、「此の抵抗たるや、或は隠れ、或は顕れ、或は保守論となり、或は自由論となり、或は尊王論となり、或は尚武論となり、千変万化したるに拘はらず、其の目的とする所は、要するに士族の勢力を維持し、其気焔を吐かんとするに外ならざるを知るべし」(同、三頁)。「士族なる政治要素は進歩的よりも、寧ろ保守的の要素に、其の運動は原動力よりも、寧ろ反動力に、其作用は建設的よりも、寧ろ破壊的なれはなり。」(同、七頁)。

士族は明治維新の立役者ではあった。そして形の上では平民社会を形成したが、彼らの心に抜きがたく巣くっている士族根性のために、何を言おうと「士族の勢力」の維持を最終目的に動いている連中である、と蘇峰は言いたいのである。しかも最近の動きは破壊的、保守的である。

代わって登場させた平民社会の真の担い手が「田舎紳士」であった。「天下国家の事を思ふて一身一家を忘るゝに至たらず、一身一家の事を思ふて天下国家を忘るゝに至らさる、新日本の新人民なるものは、乃ち之を我か田舎紳士に求めさるを得ず。……何となれば彼等は従来半士半商の性質を養ひ得たる者なればなり、……敢て純乎たる被治者に非さるも、亦た、純乎たる治者に非ず、恰も従来士族と工商の中間に其位置を占め、平生積習の致す所、知らず覚へず、二者の性質を混淆せざる可らざるに至れり」(「隠密なる政治上の変遷（第二）」『国民之友』一六号、明治二十一年二月十七日、二一－二二頁）。ここに言う「純乎たる被治者に非さるも、亦た、純乎たる治者に非ず」とされる人物こそ蘇峰が期待した社会のリーダー像であった。つまり、昔の士族が転生したような政治のプロ、職業的治者ではなく、「兼業の政治家」こそが新しい日本を支える力とならねばならなかった。

観点を変えれば、生産者中心の「中等社会」形成に向けて世論誘導することで、蘇峰はここでも自己成就的予言を行い、その現実化を企てていたのであった。

「泰西の社会は平民的にして其の文明も亦た平民的の需用より生し来れるものなることは、固より解説を要せずと雖も、此の文明を我邦に輸入するや、……端なく貴族的の臭味を帯ひ、泰西文明の恩澤は、僅に一種の階級に止り、他の大多数の人に於ては、何の痛痒もなく、何の関係もなく、殆んと無頓着の有様なりと云はさる可らず、衣服の改良何かある、食物の改良何かある、家屋の改良何かある、交際の改良何かある」（前掲「嗟呼国民之友生れたり」一五頁）と。日本が採用した西洋文明がわが上流社会の表面的な西欧化に止まり、中流社会の生活実態の改革に達していないとする。さらに産業などの職業構造の改良になってもいない。「商業、製造、工芸其他一切生産的の事に関しては、依然として旧来武断社会の典型を脱する能はす」（同、一六頁）と。このへんが地方平民名望家出身の蘇峰らしさの見られる点である。

もう一つの指摘は、依然として差別社会が存続しているではないかと義憤を込めて改善を促す点である。官尊民卑、職業の貴賤、男女の懸隔、智識分配の不平等である。この智識の不平等を生む原因としては身分（士族平民）、貧富、治者被治者、都鄙、年齢の相違を挙げる。これを克服する原理が「平民主義」なのである。

自由に関しては、明治社会は「集会、出版、言論の自由さへ満足に有する能はす」（同、二〇頁）の状態であると分析して、これらから脱却し社会改革を完成させるためのものとしての「第二の維新」を掲げた。このような主張を載せた『国民之友』は人心を捕え、空前の増刷につぐ増刷を重ねたのであった。

キリスト教への期待

この時期の蘇峰は、『国民之友』誌上にキリスト教信者の勢力動向を記事にした。彼らを日本に根づき始めた有力な社会勢力として好意的に紹介した。中等社会の道徳的支柱として考えたのである。まさに自己成就的予言記事である。以前『新日本之青年』において「泰西自由主義ノ社会ニ流行スル道義法ヲ輸入ス可シ」（『全集』一四九頁）と論じたことが現実味を帯びてきた。いわく「思ひも寄らぬ一種の階級、突如として我が社会に現れ来たり、此の階級とは何ぞや、吾人は多言を須ひす、基督新教徒と云はん」（「基督教徒将に政治上の勢力たらんとす」『国民之友』一二号、明治二十年十一月十八日、一頁）と。「基督教は泰西の文明と密着の関係を有す」（同、四頁）「基督教徒は少数なれとも、運動の勢力なり、改革の勢力なり、進歩の勢力なり」（同、六頁）と大きな期待を寄せ、増加信者数の教派別統計まで掲載した。恐らく蘇峰のイメージには十七世紀イギリス革命を命がけで戦った新教徒の姿が重なり、この国にも鋼鉄の意思を持った「東洋の清教徒」（『全集』一五一頁）が出現して中等社会の良心となることを期待したのであろう。

なお、この頃の『国民之友』には、新島襄が始めた同志社大学設立運動を援護する記事が頻繁に掲載されている。例えば『国民之友』三五号、明治二十一年十二月七日、に掲載した「同志社学生に告ぐ」（本書九六頁以下）は、「同志社大学設立の旨意」完成の後、かつて中途退学した母校同志社に、いわば凱旋帰校して行った演説である。

徳富蘇峰は、校長新島襄から特に信頼されて同志社大学設立の精神、基本綱領と言える「同志社大学設立の旨意」を完成した。そして、若い後輩らを前に、私立大学の意味と必要性を説いた。「一国社会運動の経済上に於ては、現在の位置に満足せざるもの、調子に外れ足る者は、人を動かすものなり。現在の位置に満足し、調子に外れざるものは、人より動かさる、るものなり。……吾人は断して少数の人こそ即ち満足せす、少数の人こそ即ち調子に外れ、少数の人こそ即ち一国進歩の原動力たることを疑はす、……一国を導くものは少数者なり、一国を動かすものは少数者なり、一国をして、新鮮ならしめ健全ならしむる物は少数者なり」（「同志社学生に告ぐ」『青年と教育』所収、四―五頁）と。強靭な意思を有する自立的人間たることを促した。そこには私立学校こそ人材をつくるという信念が込められていた。蘇峰が同志社に篤い支援の志をもち続けた理由の一つは官学ではなく私立学校が人材をつくるという信念からきていたと思われる。

森有礼文相の下の公立学校から育つのは、「薄志弱行の人」「一国の青年を導いて、偏僻の模型中に入れ、偏僻の人物」である。キリスト教は「一国の道徳を維持する勢力あることを識認し」「良心を手腕に運用するの人物」「天真爛漫として…自個の運命を作為するが如き人物」は私立学校による、とする「同志社大学設立の旨意」を『国民之友』三四号の別冊付録として発行したのは明治二十一年十一月十六日であった。この文章は新島襄名義であるが、蘇峰が仕上げたもので『新日本之青年』から多くの文言が用いられており、この時期の蘇峰のキリスト教観、知徳一途の思想が表現されていると見るべきである。儒教道徳は卑屈人間をつくる。天真爛漫人間、自己尋問的主体的人間は泰西文化、キリスト教主義道徳に基づくべきだと主張していた。

また大江義塾経営を中途放棄しジャーナリストに転職した蘇峰であるが、教育事業に懐いていた夢を私学同志社に託したのではないだろうか。蘇峰は生涯、同志社に愛着をもち、物質的にも運営上でも協力を惜しまなかった。同志社に対しては、自分の生んだ子どもに対するような「まなざし」を注ぎ続けた。

第四節　自己成就しなかった予言

未成熟な中等社会

しかし蘇峰の自己成就的予言の数々は、現実によって裏切られていった。『国民之友』の論説を追うと、明治二十四年頃から失望の色が漂い始める。中等社会の未成熟、そして青年の保守化があらわになったのである。明治二十五年には、田舎紳士の没落を鮮明に分析した論説「中等階級の堕落」『国民之友』（一七二号、明治二十五年十一月十三日）が書かれた。

「武備機関」の優越する貴族社会から、「生産機関」の優越する平民社会への進化を予言したのが『将来之日本』であったが、現実の日本では、「生産社会」を担う産業界の社会的勢力は微々たるもので、蘇峰の説く中等階級の担い手には農村地主層に求めるしかなかった。まだ圧倒的に農業国だったのである。蘇峰は彼らをイギリス風に「田舎紳士」と呼ぶ。そしてそこに中等階級の堕落が始まったことを以下のように論じる。

日本の地主層、つまり田舎紳士は、明治維新によって史上初めて政治的権利を手中にし社会的、政治的進出を果たした。「好運は革命の翼に乗して、彼等の頭上に落ちたり。四民平等の解放令に際して、最初の恩恵を感受したるは誰ぞ、士族が失ふたる勢力に比例して、更に多く得たるは誰ぞ、所謂町村の自治は、誰の手に、府県会の選挙権は誰の手に、国会の選挙権は誰の手に」と。さらに彼らの上には米価の高騰が続くという財産上の幸運がともなった。「彼等は或者と為り、今や總ての物とならんとす」と（前掲「中等階級の堕落」一頁）。

ところがこの過程で、蘇峰によれば、健全な中等階級の誇るべき徳、「剛健、勤倹、純粋、簡質の徳を失墜し」（同、五頁）てしまったという。彼らは「既に現世の天国に住するもの」となり「皆な一に勤倹を去りて驕奢に就き、浪費生活者の毒を身に付けてしまった（同、二頁）。

さらに不幸なことは、そこを松方デフレが襲った。年々高騰を続けていた米価は明治十四年をピークに暴落が始まった。明治十四年の政変で蔵相となった松方正義のデフレ政策の影響で地主層は没落していった。府県会議員選挙権の資格たる地租五円以上の納税者数は明治十四年の一八〇万人余から明治二十三年の一四〇万人余に、二三パーセントも減少した。

この逆境に見舞われた時、田舎紳士は投機的生活に走った。「彼等は実に其の全力を挙げて倒産と戦ひたり、即ち其の或者は一獲千金若しくは万金の投機商となれり。其の或者は一種の小御用商人となり……地方的紳商となれり。其の或者は郡書記となり、収税吏となり、警部となり、巡査となれり。其の或者は其の四隣の小作人を対手に高利貸を営み、近傍細民の膏血を絞りて、自家の滋養分にせり。其の或者若し商売とせば、總ての商売中最も賤悪す可し政治商売に身を寄せ、奔走費運動費の寄生虫と為れり。其他或者は三百代言となり、或者は新聞記者となり、或者は壮士となる」（同、四頁）。つまり「田舎紳士」の中から日本のハンプデンは誕生せず、出現したのは、投機商、御用商人、郡書記、警部、巡査、高利貸し、政治商売人、三百代言、新聞記者、壮士らであった。社会の改良、人間の改良は進まず、育つはずの平民社会がやせ細っていったのである。自己成就予言でモデルとしていた西欧市民社会との乖離は明らかであった。

ここを分析する時の蘇峰は、それをもっぱら道徳論の視点から批判しているという特徴がある。「彼等は独り生活の度を高くしたるに止まらす、驕奢となり、放縦となり、淫蕩となり、文弱となり、腐敗となり、總て此等に伴ふの悪徳を養ひ来れり」（同、三頁）と。

そして蘇峰が「中等階級の再生復活」のために提案した対策は「彼等に向て平民的道徳を奨励する」こと、つまり「一言すれば良心を手腕に運用する也」であった（同、五頁）。これは以前クロムウェルの言葉として『新日本之青年』において引用し、また「同志社大学設立の旨意」にもキーワードとして使用された文言である。

もっと具体的には農業を軸とした兼業生活を薦めた。「彼等は新知識を応用して、新収入を作るの覚悟あるを要す。或は養蚕なり、製糸なり、製茶なり、養豚、養鶏、牧牛の如き……」に立ちながら、半農半商でも、半農半漁でも可として再起を期待した。また地主層に対しては兼業政治家たることを求めた。「彼等は土地の所有者たると同時に、政権の所有者なり、……彼等は実に上等階級と、下等階級との連鎖也。彼等は実に平均したる国民の精神的代表者也」と（同、五―六頁）。将来の日本を背負う中等階級は、田舎紳士たち以外には見出せない。没落にむかう地主層に平民社会を支える社会的勢力たるべく、こんな苦しい中等階級論を語るのであった。

明治二十三年末から開かれた国会では、地主議員と藩閥政府の激しい対立が始まっていた。

キリスト教信者に失望

次に目を引くのは、平民主義時代の道徳の基軸として、多大の期待を寄せたキリスト教教徒への落胆ぶりであった。「基督教は、果して人をして厭世者と為らしむる者乎《か》……歴史的の事実に拠りて帰納し、実に基督教は進取、改革、希望、有為の宗教なるを信ず。而して此宗教の裡に養成せられ、若しくは間接に其の感化を被りたる青年男女の如きは、却て往々異種の厭世者流と為るは、何ぞや」と（「心理的老翁」『国民之友』一一八号、明治二十四年五月十三日、二頁）。

彼らは外界社会に働きかけ、歴史を変革する人間とはほど遠かった。自分のことで精いっぱいの青年たちであった。「彼等は生理的よりすれば青年なれども、心理的によりすれば老人なり」（同、三頁）、「彼等は已に青年に非ず、壮年に非ず、一種の老翁なり」（同、四頁）、「彼等は世界の人にあらず、世界の外に隠居する人なり」（同、五頁）と失望を隠せない。日本のミルトンは現れなかった。彼らはおよそ社会意識、パブリックな意識を欠いた私的世界の住人であった。「東洋の清教徒」と自己成就的予言をしたキリスト教信者の現実は、情けないものであった。

青年の沈滞

また蘇峰を大いに落胆させたのは、青年層の保守化が進行していったことであった。「静に社会の大勢を観すれば、実に由々敷《ゆゆしき》一大事ぞ出来《しゅったい》したりける。何ぞ一大事とは、嗟呼狼狽する勿れ、汝の味方として末永く頼母しく思ひたる明治の青年は、今や汝の敵とならんとす、……若し反動的革命に向て最初の抗敵をなすものあらば、それ必らず青年ならん、最後の降伏をなすものあらば、それ必らず青年ならん、而して現今の情勢に於ては、却て此の青年こそ最初の降伏者にして、今や彼等の或者は反動軍の先駆者となり、戈《ほこ》を揮《ふる》つて進歩の旗頭に向て毒戦を挑まんと欲するもの、如し」（「明治の青年と保守党」『国民之友』一一七号、明治二十四年五月三日、一―二頁）。大江義塾以来、社会革新の担い手として期待をかけ激励を続けた「明治の青年」の実態は、蘇峰の期待と真逆の方向に進もうとしていた。

その原因の一つをなしたのは、学校卒業者の増加に対応した就職先がないという現実であった。「〔昔〕白面の書生、輙《たちま》ち天下の高等官となり、若しくは紳士となる。……何となれば、需《もと》むる所のもの給する所のものより多ければ也。然れども二十年の歳月は、夢の如く、需むる所のもの漸く減じて給する所のもの漸く多し」（「書を読む遊民」『国民之友』第一三二号、明治二十四年十月三日、『青年と教育』所収、一七六―一七七頁）と。あるいは言う「維新以来二十余年間の形勢を案ずるに、前半は社会空濶にして新人物を容る、の余地綽々たりしが、後半に至ては社会の口腹狭小にして新人物を吸収すること少くして、吐出すること多く、一日は一日より切迫し、縮小し、今や新人物は蟻の如く、雲の如く旧人物の背を摩して推し寄せ来らんとす」（「無形の戦争」『国民之友』一三九号、明治二十四年十二月十三日、一二頁）と。

この現象は、初等教育においても発生していた。蘇峰は都会と地方の格差を指摘しながら言う。「地方に行けば、高等小学を卒業したる無数の少年、皆其業なきに苦しめり」（前掲「書を読む遊民」『青年と教育』所収、一七〇頁）、「一言以て其大原因を断ずれば、是れ多くは学問社会の情態と、生活社会の情態との不均衡より来るものなり」（同、一七二頁）と。

学卒者の就職にはそれなりの中等社会、産業社会の発達という受け皿が必要である。蘇峰は、分不相応な就学がかえって不幸を呼ぶことを指摘しつつ、社会を生産社会に変えることをもって問題解決の糸口とする。「宜しく其財産相応に、子弟の学問を為さしむ可し、必ずしも多きを望む勿れ、多きを望むの結果は、其家を破ぶるに至る可し。……然れども吾人は、何時迄も斯の如く不均等なるを願はざる也、若し願ふ可くんば、我邦生産社会の情態を改良し、家毎に給し、人毎に足り、我邦の学者をして、各々其所を得せしむるの日、来たらんことを祈るなり」（同、一八二―一八三頁）と。

教育路線の修正を

その原因は教育の側にもあった。「若し教育と社会生活との不権衡の為に、苦痛を感ぜしむる者あらば、新日本の教育を享けたる女学生の如きは、其最も大なる者あり」（「女子教育の事」『国民之友』一三五号、明治二十四年十一月三日、『青年と教育』所収、二〇三頁）。「従来教育の有様は、日本生活社会の度に比すれば、むしろ贅沢に過る者なきに非ず、地方の女子抔にては東京に遊学し、某校舎に寄宿して、硝子窓、西洋寝台の上の起臥し、帰りて、幾ど牛馬雞犬と雑居する、我家の不潔なるに驚愕するが如き者なきに非ず」（同、二〇四頁）。ここから「女子をして職業的の修養を享けしむる事は、最も必要なる事なるべし」（同、二〇七頁）の提案が生まれた。

あまりにも現実生活とかけ離れた内容の授業は空しい。こうして教育目標を「学者」用から「労作者」用へ転換させる提案がなされた。いわく「我邦の学者をして、各々其所を得さしむるの日、来らんことを祈るなり。然れども斯の如きの日来らんことを欲せは、先づ彼の学者たる者が、其の学問を精研するの傍ら、自から労作者と為り、生産社会の進歩を来すを以て、最大急務なりと信ず」（前掲「書を読む遊民」一八二―一八三頁）と。

さらに具体的には、「若し未来の国民をして、労作の国民たらしめんと欲せは、請ふ先つ小学校に於て、労作教育を行へ」（「労作教育」『国民之友』一三三号、明治二十四年十月十三日、『青年と教育』所収、一八五頁）、「我邦は不幸にして、労作を貴まざるの習慣を養ひ来せり。……労作は、所謂賤人の為すべき事にして、尊貴なる業に非ざる者と、誤認し来りしなり」（同、一八六頁）として、小学生徒自らが労働の尊さを自覚するように仕向けるための六つの提案を行った。それらは、校内自治制、校内での力作、寄宿舎の自炊生活、家庭での労役、手工科の授業、課外授業で労作の気風の養成、である。

やがて「斯の如き教育を遂げたる児童にして、未来の国民となる時には、夫れ如何。彼等にして会社員たらば、彼は社長にして小使の如く働く可し。彼の所謂番頭政治、小使い政治の如きは、夢にだも見る可からず。……彼等若し地主たらば、彼等は小作人の最も貧しき者の如く労作すべし。斯の如くにして良個なる地主たらざる者、未だ之れ有らず。彼等若し一国の政治家とならば、彼等は茅屋人民の幸福を以て、其心と為す可し」（同、一九六頁）。「然りと雖、此の労作教育をして、所謂儀式的教育たらしむると、実用的教育たらしむると、即ち其教育を活かすと殺すとは、渾《すべ》て小学教員其人に在りて存す」（同、一九七頁）と現場の教育に成果を期待したのであった。

『将来之日本』において描いた夢は、現実の日本によって裏切られた。一方で政治青年は政治活動に酔う壮士に成り下がり、他方、宗教青年は若年寄りの私人に縮小し、中等社会を担うにたる人材は育って行かなかった。教育と社会の不均等も解消されない世界が広がろうとしていた。さらに縮小するはずの武備機関の強大化する中で日清戦争が始まろうとしていた。

第五節　路線変更後の教育論

社会的発言から国家的発言へ

蘇峰の新聞事業開始について一言すれば、それは同志社英学校時代から生涯の仕事として志していたものであった。しかし「東京には所謂る五大新聞なるものあり。即ち『日日』『報知』『毎日』『朝野』『時事』であった」（『自伝』二五二頁）ので、まず慎重に雑誌『国民之友』の刊行というベンチャー事業から立ち上げた。そこで成功を収めた後で、明治二十三年二月一日、『国民新聞』の創刊号の刊行に至ったのであった。

新聞事業開始時の目的は「第一、政治の改良。第二、社会の改良。第三、文芸の改良。第四、宗教の改良であった」という（『自伝』二六五頁）。まさに社会的発言者として、社会の改良の野心を抱いての世論誘導事業であった。つまり出発点は、鳥谷部春汀の言葉を使えば、「社会改良論者」の新聞であった。まだ十七世紀のイギリス革命をモデルに社会の改造の論陣を張っている頃であった。

それが国家的発言者に変わったのはいつ頃か。思想面で「国家膨張論者」になった時点について植手通有は、『大日本膨張論』（明治二十七年十二月）の刊行を挙げる。これは「明治二十七年七月の日清開戦前後に、『国民之友』もしくは『国民新聞』に発表された八編の論説」をまとめた作品で「いわゆる蘇峰の転向は、思想的には、本書によって殆ど完了しているように思われる」（「解説」『全集』三九四頁）と。

また日清戦争の勝利にもかかわらず、三国干渉のために遼東半島返還した事件が起きた時、それが蘇峰に与えた衝撃は大きかった。日清戦争が始まると蘇峰は、大本営の移動とともに広島に行き、さらに旅順口滞在していた。この時に三国干渉の受諾を知る。「此事を聞いて以来、予は精神的に殆ど別人となつた。……力が足らなければ、如何なる正義公道も、半文の価値も無いと確信するに至つた」（『自伝』三一〇頁）、いわゆる「力の福音」に目覚めたのであった。

そして平民主義者蘇峰の名声を決定的に失墜させる人生選択を行ったのは、明治三十年七月、欧州見聞旅行から帰国した翌月の八月に、松方正義内閣の内務省勅任参事官に就任した時であった。それを「変節」と批判する世論が高まり、『国民新聞』の購読者数は二万五〇〇〇部から五〇〇〇〜六〇〇〇部に減り、翌明治三十一年には『国民之友』も廃刊に追い込まれた。

この時を回想して、「予が最も遺憾に堪えないのは、『新日本の青年』『将来之日本』『国民之友』其他の予の著書を愛読し、真に予の味方である人々が、恰も自ら裏切られたるが如く感じて、予に対する信用と尊敬の念を失墜したることだ」（『自伝』三三八頁）と語っていた。

国家膨張論と国民教育

この転向後の徳富蘇峰の言論について、教育観に限定して触れておく。蘇峰の関心は社会を離れて国家に移った。平民社会の実現よりも国家膨張の実践を課題に掲げた。十七世紀イギリス革命の教訓よりも、十九世紀西洋帝国主義の教訓が語られた。ミルトン、ハンプデンを慕った「明治の青年」は遠くに去り、「ヂスレリー、ネルソン」が引証された。

「我か政治をして全局大打算の政治たらしめよ。航路拡張、海外出交易、新版図占領、移住及ひ植民。……」と説く時、蘇峰の教育観は「我か教育の方針をして、一方に於ては、体育を奨励し、我か国民をして、剛健、勇武、困苦に耐へ。他方に於ては、実業教育を鼓舞し、……」（「経世の二大動機」『国民新聞』明治二十七年十一月、『蘇峰文選』所収、三〇二―三〇三頁）と変化した。このように教育の役割と意義に関しても、教育の受益者たる生徒個人の人格に対する目線を捨て、国家目線で考えるようになった。蘇峰が教育に関してまとめた二つの冊子『教育と青年』初版明治二十五年と『教育小言』初版明治三十五年を比較すると、論調は別人の作品のように違う。

有名人になっていた蘇峰は、帝国日本の教育関係者を集めた講習会に登場するようになった。『教育小言』はその時の講演集である。そこでは帝国日本の正統的解釈と言うか、現代ならさしずめ文科省路線とか中教審路線と呼ぶような見解を語った。後日、活字になって国民に示されたその発言からは、かつての「明治の青年」の精彩は消えていた。

いわく「征清の大役は、世界に向て、一の真理を発揮したり。何ぞや真理とは、曰く国民教育の効力なり。……曰く国家の隆盛を謀らば、先づ力を国民教育に竭さざる可らずと」（「征清の大役と国民教育」『国民之友』二四六号、明治二十八年二月三日、九頁）。「吾人は実に国家を国民の上に措き、国民を教化の上に措き、而して教化を武備的教育、職業的教育、市民的教育の上に措かんと欲す」（同、一九頁）と、上から目線の教育論である。教育対象たる国民は将棋の駒のごとく国家の必要によって動かされる存在として位置づけられた。

いわく「凡そ教育なるものは国家が必要とする所の人物を作ると云ふに外ならぬと信ずるのである。即ち国家の需用する所を、教育は供給せねばならぬのである。……故に教育の方針は国家の方針と一致することが何より大切である」（「教育は時務に通ぜざる可らず」明治三十四年八月十一日、帝国教育会所催《ママ》教育家茶話会席上演説、『教育小言』所収、二二一頁）。

ただし、「個人」という観念は意味を変えて残り続けた。帝国日本を支える人材は、一人一人、たくましく優秀な個人である必要があるからである。明治三十四年十一月に東京市麻布教育会（会長東久世伯爵。会員学校教師）において蘇峰は「教育上より見たる個人の価値」という演説を行った。「今では衣食足りて、国家膨張と申す有様」（「教育上より見たる個人の価値」『教育小言』所収、一〇〇頁）においての教育のあり方を、「国家の膨張を企図せんと欲するには、是非とも個人の膨張を励ますべき教育が必要なのである。……而して個人の膨張を、涵養する場所は、云うふ迄もなく小学校である」（同、一〇一頁）。「如何に立派に教育しても、人形では困るのではない乎《か》。」（同、一二〇頁）「去れば教育者諸君に於ても、須《すべか》らく個人膨張して、而して国家膨張するの要理を会得せられ、先づ個人の膨張に向ひて、力を竭されんことを希望するのである」（同、一二八頁）と。「個人」という視点を失わなかったところに、大江義塾時代以来の理想主義の片鱗がわずかに残っていたと言えようか。

「いわゆる転向後の蘇峰の思想をもっともまとまった形で示す著作」（植手「解題」『全集』三五四頁）、「時務一家言」（大正二年）において蘇峰は、「吾人は日本帝国の運命を、主持するものは、偏《ひとえ》に大和民族によるを信す。是を以て吾人は、大和民族の其の数量に於て、最も増加せんことを欲す。……但た数量の増加にして、品質の低下を伴はん乎、右に得て左に失ふ也。吾人は此に於て国民教育の大切なるを信す。其の教育の第一次は小学校也、第二次は兵営也。此の両次の教育を経過し来れる大和民族は、平和の時には忠良なる市民となり、一旦緩急あれは、至尊の軍旗の下に、護国の干城たる也」（「時務一家言」『全集』三三五頁）と語った。その後の蘇峰の教育論はこの路線を歩んだと言えよう。

おわりに

「明治の青年」徳富蘇峰は、徳川伝統体制の「習慣ノ専制」を打破し、明治維新を社会レベルの改革にまで深化させようとした。その際イギリス革命にモデルを見出し、市民社会の実現を図るべく野心的な「社会的発言」を試みたのであった。しかし、戦前日本は「平民主義」「中等社会」を実現するには、あまりにも過酷な環境にあった。九割を超える日本人が自分の生活を「中流」と意識するのは一九六〇年代中葉であったから、蘇峰の夢の実現にはさらに百年ちかくの時間を必要としたのであった。

『蘇峰文選』には、明治三十六年一月に書かれた「政治的教育と新聞紙」という論説が収録されている。いわく「新聞記者が、自から政治的教育家を以て任ずるにせよ、社会が斯《か》く認むるにせよ、認めざるにせよ。当今の政治的教育の一半は、否な其の過半は新聞紙に依りて行はれつつあり」（『蘇峰文選』六三九頁）と。新聞の社会的影響力は大きい。他方「自から公平を保つの責任を感ぜざるのみならす、無根の事実さえも構造して、世間を欺かんとする大胆不敵の徒に於てをや」（同、六四三頁）と、その怖さも指摘していた。

ジャーナリズムの特性――その徳も毒も、表も裏も――をよく知っていたこの「明治の青年」は、やがて「大正の中年」となり、「昭和の老人」となってからも、その発言が注目される言論界の第一人者として影響力を維持し続けたのであった。

主要参考文献

花立三郎・杉井六郎・和田守編『同志社大江義塾　徳富蘇峰資料集』三一書房、一九七八年（本文中で『資料』と表記）。

植手通有編『徳富蘇峰集』〈明治文学全集〉34、筑摩書房、一九七四年（本文中で『全集』と表記）。

徳富蘇峰『蘇峰自伝』中央公論社、一九三五年（本文中で『自伝』と表記）。

徳富蘇峰『青年と教育』民友社、一八九五年版。

――『教育小言』民友社、一九〇二年。

徳富蘇峰『蘇峰文選』民友社　一九一五年。

徳富猪一郎『老記者叢話』民友社、一九三五年。

花立三郎『大江義塾』ぺりかん社、一九八七年。

花立三郎『大江義塾と徳富蘇峰』ぺりかん社、一九八七年。

梅津順一『「文明日本」と「市民的主体」』聖学院大学出版会、二〇〇一年。

J・S・ミル／早坂忠訳『自由論』〈世界の名著〉38、中央公論社、一九六七年。

鳥谷部春汀「徳富猪一郎氏」『太陽』明治三十年十一月二十日。〈明治文学全集〉34、所収。

植手通有「『国民之友』・『日本人』」『思想』四五三号、一九六二年三月。

鹿野政直「一民権私塾の軌跡――大江義塾の小歴史――」『思想』五四五号、一九六九年二月。

和田守「若き蘇峰の思想形成と平民主義の特質」『思想』五八五号、一九七三年三月。

徳富蘇峰「福澤諭吉氏」『中央公論』明治四〇年七月号。

『国民之友』民友社。

『将来之日本』のこと

ドラマチックな出現

数え年二十四歳の、無名の一青年が、まだ方向性のしかと定まらない明治日本に対して、進むべき方向は「腕力」国家ではなく「平和」国家の道であることを諭す野心作を著し、それが上梓されてみると世論を圧倒し、その青年は一夜にして言論界の若き旗手の地位を得る、といった劇的な登場を実現したのが、この徳富蘇峰（一八六三―一九五七年）の『将来之日本』（一八八六年）であった。

成功の秘訣はいろいろある。過去から未来へと歴史を二元論的に説明する明快さ、それを根拠づけるイギリス史に負った論理展開の新鮮さ、若々しく夢を抱かせる論旨、迫力に富んだ文体、士族支配の遺風に抗する「平民主義」者徳富蘇峰の気概、そして何よりも当時の識者が一番気にしていたわが国の将来に関する「予測情報」を提供したこと、である。最後の点は蘇峰のジャーナリスト的センスの優秀さを示している。数百年間、世界史に背を向けて小安に泥《なず》んできた日本が巻き込まれたその当時の十九世紀世界とは、西力東漸、「碧眼紅髯の人種」が「波濤の如く我邦に侵入」するやもしれぬ西欧帝国主義の時代であった。したがって世界の大勢に過敏にアンテナを向けることは、日本生き残りのために必須であり、「予測情報」は有識者の渇望するものだったからである。

維新史の分析にイギリス史を応用

さて蘇峰の呈示した世界の将来像とは、この危機的状況下にもかかわらず、「腕力世界」から「平和世界」へという楽観的で明るいものであった。その主張の下敷にあるのは、欧州各国で実現した近代革命に対する高い評価である。イギリス、フランス等の近代革命が示したものは、腕力主義から平和主義へ、武備主義から生産主義へ、戦争を道具とした人為的分配から経済を手段とした自然分配へ、貿易を通じた世界共和制へ、特権的不労者が支配する旧世界（貴族主義の世）から生産者が支配する新世界（平民主義の世）へ、抑圧専制主義から自由主義へ、の歴史の方向であり、これこそが世界史の滔々たる大勢であると説いた。そして江戸時代までの旧日本と明治以降の新日本にもこの世界史の法則が貫徹していることを論じたのであった。その際に「社会の大勢」の最先端モデルとして引照されたのがイギリスであった。「英国ほど其秩序善く平民主義の進歩したるものはあらず。実に英国社会変遷の実例は以て欧州一般社会の模範として論ずるに足る可し」と言う。逆に世界の大勢に逆行する悪しき政策をとっている国の例として挙げたのはプロシアとロシアであった。

本書の後半部では、この世界史の動向を日本の過去と現在に適用し、そこにも同じ法則が作用していることを論じる。特にその時、封建社会の特権士族を「一日と雖ども鋤《すき》を手にしたことあらざるなり。一日と雖ども算盤を握りたりし事あらざるなり」と不生産者として難じ、それを転倒させ、生産者が主人公で不生産者がそれに服従するところの「平民社会」の建設、「茅屋の中に住する者」の幸福のために国家を存在させること、を熱弁した。福沢諭吉の場合も同様な生産力国家のイメージを語っていたが、福沢には「算盤をもった武士」に期待すること多く、町人不信が見られたのに対し、上層農民の出である蘇峰には逆に士族不信が強く、中等階級の担い手を「平民」に求めていたのが注目される。

このように『将来之日本』ではイギリス革命史を見事に応用して世界の大勢を分析し、明治維新の解釈を行った。

ここに蘇峰の方法論上の強味が見られる。また田口卯吉の『日本開化小史』から受けた影響の大きかったことも明白である。自由主義経済を唱えたコブデンなどマンチェスター学派の理論的影響下にあり、歴史学では「熊本大江義塾に於て、マコレーの『英国史』を一読したが、予の頭の半分は此の書で出来たと言ふほどに、予は感銘を以て読んだ」(『愛書五十年』)との述懐が示すように、マコーレー(Thomas B. Macaulay)の影響が特に大きかった。

日本近代史における意味

本書の同時代的意味を考える時に見逃してはならないのは、開巻冒頭にある「余をして人情の重んす可きを知らしめ。己を愛し。人を愛し国を愛する事を知らしめ。真理の線路を走り。正を踏んて懼《おそ》れさる事を知らしめたるは。皆爾《なんじ》の教育に是れ取りつかれる憑《よ》るなり」の告白である。これは、蘇峰が同志社で新島襄から学んだと語る「人格主義」「大なる目的の為に生活する」(『蘇峰自伝』)ことと一致している。将来の日本を「如何になす可き乎」と問う使命感的問題提起や随所に現れるキリスト教的口吻にもそれはうかがわれる。そして何よりも本書は「国会の開設は既に四、五年の後に迫」っている点を意識した「国是論」だったのである。

『将来之日本』の出版は、明治十四年の政変の五年後、すなわち天皇制国家路線を決定した明治政府が、英米モデルを捨ててプロシア型国家への道を着々と歩んでいた時であった。イギリス派官僚はすでに下野しプロシア型法制官僚の隆盛期であった。その時期にあえてマンチェスター学派に負うて生産主義、経済的自由主義を唱え、イギリス型国家モデルを主張した意味は大きい。本書中で展開されたプロシア批判は、そのまま明治政府批判になっていた。この点では中江兆民『三酔人経綸問答』の中の進歩的理想主義者「洋学紳士君」のモデルとして徳富蘇峰を挙げる見解(山室信一『法制官僚の時代』)は正しいのではないか。

さて『将来之日本』で世に出るまでの蘇峰はむしろ不遇であった。その早熟な天分と生活環境とがマッチしなかったからである。熊本洋学校、東京英語学校、同志社の各学校とはいずれも不適合を示して中退。熱望していた東京日々新聞社への入社も門前払い。郷里で開いた大江義塾は成功したけれどもそれで納まる器量ではなかった。『将来之日本』の成功で蘇峰の人生は劇的に開かれた。以後一家を挙げて上京し、『国民之友』を刊行しながら日本の言論界の指導的位置を占め、その位置は一九四五年の敗戦まで維持されたのである。

しかしその間、三国干渉のニュースに「力の福音」の洗礼を受けたと語る蘇峰は、理想主義からリアリズムへ、平民主義から帝国主義に激しく転向し、『将来之日本』で描いた国家イメージから背離していった。そして天皇制国家と歩みを共にし、やがて言論報国会会長を務め、大東亜戦争開戦の聖旨の起草に関わり、そして敗戦、追放処分を受けたのであった。敗戦時の心境を、

一生を　棒にふりたるまぬけ者　五尺のからだ　もてあましつつ

と詠っている。戦後はひっそりと余生を送った。

しかし蘇峰が言論界の第一線から身を退いた戦後日本こそが皮肉にも、かつて『将来之日本』で説いた腕力主義から平和主義へ、生産主義と経済中心の貿易主義への道がこの国の真実となった時代であった。『将来之日本』の理想は六十年も現実を先走っていたのである。しかしその六十年は、苦汁に満ちた選択の歴史の連続であり、その間の「近代化」の過程では、多くの民主的理想を犠牲に供さねばならなかったのである。

参考文献

植手通有編『徳富蘇峰集』〈明治文学全集〉34、筑摩書房、一九七四年。
阿部賢一「徳富蘇峰」『三大言論人集』第六巻、時事通信社、一九六三年。

和田守『近代日本と徳富蘇峰』御茶の水書房、一九九〇年。
花立三郎『大江義塾』ぺりかん社、一九八二年。

蘇峰・ミルトン・新島襄

敗戦後七年目の一九五二年、日本でふたたび公然と自由や民主主義を語ることのできる時代の中で、同志社を訪れた晩年の徳富蘇峰はポロリとこんな発言を残している。「新島先生の特色と申すべきものは、自由を愛することである。先生が自由を愛したことは、ミルトンが自由を愛したやうなもので、先生は其の自由主義をアメリカから獲得して来たのであって、これには間違いない」と（「新島先生を語る」『新島襄先生』同志社、一九五五年所収）。ミルトン的自由と新島襄、それを蘇峰が指摘したという事実はいろいろな連想を呼び起こしてくれる。

まず、若き日の蘇峰がミルトンから深い影響を受けていたことは著述の端々に現れている。マコーレーの『ミルトン伝』との出会いが大きかった。この本は「新しくミルトンを見直したもので、進歩主義、自由主義、革新主義がミルトンの主体となっている。……クロムウエルの部下として、その革新政策を進めた偉大な改革家であった。この改革家としての点をマコーレーは強調した」と言われる（柳田泉『明治初期の文学思想』春秋社、一九六五年）。弱冠二十五歳のマコーレーが著したこの評伝は、明治十年東京大学から英文の復刻が出され、明治十三年には、これまた弱冠十七歳の蘇峰によってすでに読み込まれていた。感動した蘇峰の「何時か此の題目に就て、論稿を試みん」との思いは、三十数年後の大正六年、『杜甫と彌耳敦』に結実した（以上の蘇峰とミルトンの関係は、宮西光雄『明治百年にわたる日本のミルトン研究』風間書房、一九七一年に負う）。

ミルトン惚れの頃の蘇峰は、熊本での大江義塾の成功後、東京にて刊行した『将来之日本』『新日本之青年』の大成功によって、一躍文名を全国に響かせ、さらに『国民之友』の発行を開始した時代、衆望を担って最も光り輝いた時代であった。「懐疑ノ世界」「冷笑者流ノ輩出」する明治日本そして、「中等社会ノ堕落」も目立ち始めた地方社会に対して、新世代の力で「自営自活ノ社会」「平民社会」を建設しようと蘇峰は声を張った。蘇峰の目標は言論を武器とし、イギリス革命の諸局面《フェイズ》をモデルとし、「天保ノ老人」に代わる「明治ノ青年」を実践的担い手として、明治維新を完成することにあった。この時にクロンウェル、ハンプデンらとならんでミルトンが登場した。「早朝ヲ以テ一日ノ天気ヲ兆スルカ如ク。小児ヲ以テ大人ヲトス可シ」とミルトンを引用して青年を勇気づけ（『新日本之青年』）、あるいは地方の現情を分析して「地方会議に於ては、田野のミルトン、ハンプデン等が地方の査斯《チャールス》たる県知事と確執」している、と表現する（「嗟呼国民之友生れたり」）。ミルトンは徹頭徹尾、青年の味方、改革派を支える精神的支柱として引照されたのである。敗戦後の蘇峰は、新島襄の自由をこのミルトンの自由になぞらえたのである、どういう意味であろうか。

ミルトンは筆でもって旧いイギリス国教会の権威、監督制を攻撃した。次には国教会王党派の去った議会を牛耳じるピューリタン長老派の政治を敢然と論難した。いわく「つい最近まで……監督が専一の管轄権を持つことを否認したばかりの人が、今度は自分の家で私用の椅子に掛けたまま」同じことを始めた。「これは決して断じて監督制度を廃止することにはならない。これはただ監督制度を甲乙取り替えるだけのことである」と（ミルトン／石田憲次・他訳『言論の自由』岩波文庫、一九五三年）。この独立派クロムウェルの秘書ミルトンは自由をどう考えたか。「単に牧師がそう言うからとか、長老の最高会義でそう決ったからというだけで、それ以外の理由を知らないで物事を信ずる」態度に自由はない。「たとえ異端者呼ばわりをされていようとも、彼等の良心の最上の導きのままに神の掟を解釈して、純潔な生活を送ろうと願っている人々の言葉を忍耐と謙虚とを以て聴き、たとえ我々とは多少意見が違っても、彼等を寛容する」態度を選ぶことが自由を保証する、という（同書）。この前提には「理性」は必ず真理を導くとする信頼があった。

では新島襄の場合はどうか。新島にとっては将軍や藩主や上役が監督する旧幕藩体制がミルトンが対決した国教会に相当する。そして明治新国家の新社会構成原理としては、クロムウェルの言葉「所謂《いわゆ》ル良心ヲ手腕ニ運用スル」を掲げた。またミルトン同様、旧世界型の長老制が新社会内に姿を変えて復活する兆候を生理的と言える鋭い感覚で察知し、いささか感情的なまでに攻撃した。その典型的な実例が一八八六年から四年間争い続けられた教会の組織方法をめぐる一致教会と組合教会の合併問題の場合であった。

「今ノ〔一致教会〕憲法ノ如キハ寡人政府ニ傾向アリ、……此レ只々我カ自治会ノ為ニ惜ムノミニアラス、天下将来ノ為ニモ甚《はなはだ》痛歎シテ止マサル也、全体教会ノ牧師ナルモノハ我カ自治会ノ先生方ニ致タセ、矢張治者ノ地位ニ立ツトモノナレハ、兎角治メ易キ事ニ着目シテ不知《しらず》不知《しらず》僅々ノ手ニ政治ヲ握ル事ヲ好ムニ至ルハ勢ノ免カレサル所ナリ」（馬場種太郎宛、明治二十一年十二月十七日書簡、『新島襄全集3』）。

やがて会衆が「任他主義ニ流」れ、「数年ヲ出サルニ内ニ我カ会ハ自治ノ精神ヲ失ヒテ全ク寡人政治ノ下ニ自由ヲ売却シ去ル」ことを心配した（同書）。教会自治をこえて「天下将来」に関わる問題とした点に注目しよう。これは秩序構成原理としての、自発的結社の精神、「ディモクラチクプリンシプル」喪失の危機、言い換えれば徳川専制政治の復活の兆であった。だから断固遮断を図ったのである。「自由教育　自治教会　両者併行　邦家万歳」の文言は、良心と自発的結社を新しい社会秩序に結節させる悲願を示していた。

若き日にミルトン惚れした蘇峰が戦後デモクラシーの中で想起したのは、旧体制と対決して自由を求めたミルトンと新島襄のこのような類似性ではなかっただろうか。

Ⅱ

「同志社大学設立の旨意」策定の舞台裏

「同志社大学設立の旨意」発表百年を迎えて

新島襄が生涯の念願としていた大学づくりに取りかかった時、「人民の手に拠って設立」することを、彼は企画した。そしてこの民立大学を、明治政府の官立大学に対置して創ろうとした時の手法は、非常に斬新なものであった。

話は明治十四年から始まる。新島は、自身で何度も趣意書の稿をねり、その趣旨に賛同する同志を募って自発的結社として、民間人で手づくりの大学を創ろうと考えた。この組織づくりの方法はキリスト教会衆派教会のそれを想わしめる。明治十六年、活版に仕上がった「旨趣」を「各郡の有志者名望家」、「東京府下ノ紳士」に配り精力的に賛同者を発掘した。また全国ならびにアメリカを行脚し、国の内外、官民から、私人としての寄付を集めた。そして「発起人」を組織し、大学設立のための「大会」を開き、そこに参加した人々の決議によって大学の「綱領」を定めた。それは、彼が過ごしたニューイングランド地方のタウン・ミーティング・デモクラシーをどことなく想わしめる。そして最善の機を選んで、明治二十一年十一月、「同志社大学設立の旨意」を全国人民に公告したのである。『国民之友』三四号の別冊付録とし、さらに増刷し再版して頒布した他、全国約二〇の主要新聞に発表したという。これ以前にも新島は言論人を招待して、紙面を大学構想で飾らせる工夫をなしていた。こうして自発結社型の組織原理を貫きながら、ジャーナリズムを通じて全国の人士に広報活動を行う、この斬新な組み合わせの手法によって、「全天下に訴へ、全国民の力を籍《か》り、以て吾人年来の宿志」たる「私立大学同志社」の創立にこぎつけたのである。

明治初年当時の高等教育機関をながめると、何と言ってもまず慶応義塾の存在が大きかった。実業界、政界、官界へ人材補給を行う最大手だった慶応義塾は、しかし、明治十四年の政変によって中央官界における地位を一夜にして逐われた。これ以降、官僚の補給は東京大学に代わった。東京大学で埋めつくせない中級官僚のために、また明治十三年の規則改正で試験制となった代言人制度（弁護士）を目指して、明治十年代中葉から東京中心に法科熱、予備校熱が高まり、多くの私立法律学校が出現した。こうして明治法律学校（明治大学）、東京法学院（法政大学）、英吉利法律学校（中央大学）、専修学校（専修大学）等が専門学校や予備校として出発したのである。東京専門学校（早稲田大学）ですら英米法を看板にして学生を集めた時代である。しかしこの種の法科熱は、どうしても官立東京大学法科大学を軸とした高等教育界の勢力圏を強めていた。しかも明治国家の方は森有礼が明治十九年、公立中心に全学校を整備体系化し、伊藤博文が極秘のうちに明治憲法起草を終え、枢密院審議を始めていた。

この時に新島襄が民間立大学を公告し、東京でなく京都に、実用的専門学校でなく堂々と「大学」を名乗り、法学部でなく「文学部」（すなわちリベラル・アーツ学部の日本版）を中心に据えた同志社大学構想を発表したことは重要であった。また「設立の旨意」を明晰に文章化していたことは今日の我々にとって得がたいプレゼントとなった。

伊藤博文が皇室を「機軸」にした帝国憲法を内定した時に、新島襄は道徳の「基本」をキリスト教主義に置いた大学構想を公表したのであるから、同志社大学の創設自体が明治国家に対する鋭い警鐘となった。保守中正党を創ったばかりの鳥尾小弥太は肝をつぶし、創刊した機関誌『保守新論』の一～二号を「旨意」攻撃に当てた。いわく、「耶蘇教学校」が「我が国大学の名称」を僭称し、日本の風俗を乱そうとしている、「同志社大学の旨意は、尤も危険なる国家破壊主義なり」と。皇道主義に立つ政治家にとって、それは容認できない異端と映じたのである。

また森有礼は文明開化の行き過ぎを改めようとして公立教育の中に儒教、国学型徳育を復活させたが、「旨意」はこの点を激しく批判した。政府の教育は人間を「偏僻の模型中に入れ」国家の奴隷を作っている、そこから生まれる小心な「薄志弱行の人」に「一国の命運」など託せるか、と。むしろ「自由」を与え「独自一己の見識を備え」「良心を手腕」に行動する自由独立人によってこそ、その「天真爛漫」とした個人の元気の上にこそ新国家は生まれるとした。中江兆民は深くこの主張に共鳴した。さっそく「東雲《しののめ》新聞」で「官学ノ先生ハ唯鎌ト刈込バサミ」で生け垣を刈り込むような人づくりをしているとして、同志社が「下草ヲ払ヒ」肥料を与えて人物を育成する教育を施すように激励した。

「旨意」の解釈はいろいろ可能であろう。私は、江戸時代の不自由と抑圧の体験にコリゴリした新島襄が、明治の青年がふたたび森有礼の軍隊式教育の締め上げの中に沈んでいくのを目前にして、自分が自分の主人公である「自由人の原理」を宣言したものとして読みたいと思う。日本社会でこれが真に生かされるのは一九四五・八・一五以後である。

それにしても同志社大学の出発点は、自然発生的な伝統忠誠でもなければ大学機関への組織忠誠でもなく、よく誤解されるような新島襄への人格忠誠でもない。新島襄が唱えた原理に対する忠誠と、それに賛同するものの自発的結社として始まった。しかもその原理は今日でも読み返すごとに新鮮であると私は思う。

［付記］　同志社香里中等高等学校の鏑木路易《かぶらぎるい》先生から『保守新論』の資料提供をいただいた。記して感謝申し上げます。

なるほど「同志社大学設立の旨意」

徳富蘇峰の熱弁

今日は素晴らしい同志社礼拝堂でお話できることを嬉しく思います。天井を見ますと黒と赤のきれいな線になっていまして、改めて素晴らしい教会だと思います。そして雰囲気を盛り上げるのはグリークラブの諸君でありまして、見事な歌声で、大変この大学にふさわしい雰囲気であると思います。

実は、一二五年前（明治二十一年）の十一月のある日、徳富蘇峰が、同志社を不本意退学して以来初めて母校を訪れ、このチャペルで話をしました。それは、『国民之友』という蘇峰が出している雑誌の付録に「同志社大学設立の旨意」を載せて発行し、同志社はいよいよ大学を創るべきだというキャンペーンを行って、新島襄を助けた時です。蘇峰が同志社礼拝堂に来た日には全校生、五〇〇名以上がこのチャペルに集まり、立錐の余地なしの状態だったそうです。そこで、彼は熱弁をふるいました。特に彼が熱く語ったのには事情があります。一度退学した母校で行う凱旋演説だったからです。「相国寺の松も、御所の緑も昔のままで大変懐かしい、自分は同志社の古代人に属するけれども、現役の学生諸君相手に、ぜひ未来の大学を創ってほしい」（本書参考資料2）という演説をします。この演説に触発されて、その直後から学生の間で大学設立の募金の動きが始まったのが、このチャペルでした。

その時、新島襄はどうしていたかと言うと、重い心臓病のために医者から出歩くことを禁止され、蘇峰の講演にも出掛けてはならないと言われていました。しかし、密かに学生に混じってこの演説を聞いていまして大変感動し、後日、蘇峰に感謝の手紙を送っています。

さて「同志社大学設立の旨意」の最後の方で、この大学はキリスト教主義に基づくけれども宣教師養成とか、キリスト教の伝道のための大学ではないということをはっきり謳い、いろいろな方面に向けて人材をつくるということを宣言しました。政界に出る者や、実業界、学界、教育界、官界、宗教界、さまざまな場所で活躍する人間を養成するのである。またそうあってほしいということを謳ったわけです。今の同志社は見事にそうなりまして、現在では多方面に優れた人材が活動しているかと思います。

明治十四年十月の出来事

今日は「なるほど同志社大学設立の旨意」と少々不謹慎なテーマを付けました。「同志社設立の旨意」については、学生諸君は入学式の時に朗々と読み聴かせられたことを思い出してください。ただ、あのような扱いを受けると、何だか格調が高すぎて、かえって内容が分からなかったのではないかと思いますが、実はこの中には諸君と同年齢の大変に青年らしい青年、徳富蘇峰の文章が混じっていたということを、お話したいと思います。

まず、それができるまでの経緯、由来がいろいろありますので、そちらから説明していこうと思います。新島襄が、同志社英学校だけでは物足りなくなり、いつ頃から、なぜ大学を創ろうと考え始めたか。その発端のことを調べますと、「明治十四年十月中旬ナリキ」とあります。この時期に大学を構想していたのは、非常に象徴的です。というのは、十月十二日に「明治十四年の政変」という明治政界の一大異変が起こりました。その政変で、維新政府の中でイギリス風の憲法を採用しようとしたグループ、大隈重信や慶応義塾出身者たちがほぼ全員中央政界から追放され、代わって岩倉具視と伊藤博文らプロシア風憲法推進派たちが主導権を握って明治国家をつくる体制が誕生したのでした。いわばクーデターです。発生が十一日夜で、翌十二日には国会開設の宣言が出されて、裏事情を知らない民権派を大変喜ばせました。このニュースはただちに京都にも伝わりまして、『日之出新聞』(『京都新聞』の前身)にも、「国会開設の詔勅」のことが、明治天皇が十年先に作るということを宣言したと載っております。その『日之出新聞』の印刷を担当していたのが同志社とも関連のある浜岡光哲でした。後から申し上げる人物でありますが、まさにそういう時期が明治十四年十月中旬なのです。

「同志社大学記事」(『新島襄全集1』所収)の冒頭に「大和国大滝村ノ農土倉庄三郎氏其実子ヲ伴ヒ立憲政党新聞ノ古沢滋氏ト襄ノ宅ニ来リ二子教育ノ事ヲ委託セラル」とあります。土倉には五男四女がいたようですが、多くを同志社で教育を受けさせます。最初に入学した二人は龍次郎(二男)と亀三郎(三男)です。娘四人も同志社で学びましたが、その一人は、後の外務大臣になる内田康哉の奥さんになり、もう一人は佐伯理一郎の奥さんになった人です。(佐伯は、今のKBS京都テレビの所あたりにあった同志社病院看護婦学校の施設を引き継ぎ、長らく京都の医療に尽くした人物です)。子どもを同志社に預けようとして、古沢滋とともに新島襄を訪ねて来、たまたま大学の話になりました。「偶々談大学ノ事ニ及ビ古沢氏尤モ大学ノ必要ヲ談セラル」。民権運動に加担していた古沢は大学の必要性を言ったのです。それから三人で意気投合したというわけです。

この土倉庄三郎という人は奈良の山林地主で、大変な大金持ちです。そして、民権運動を支援していました。有名なのは、自由党党首板垣退助の洋行費用を出したのがこの人物だったことです。そういう三人が大学設立をめぐり意気投合し、「襄亦私立大学ノ要旨ヲ語リ且同志社ニ於テ其計画アル事ヲ談セシカバ土倉氏之ヲ賛成シ応分尽力セン事ヲ約セラル」、つまり土倉は応分のお金も出しましょうという話になりました。このことが明治十四年の十月中旬でした。

手を加えられた文書

それから、新島は大学を創るための企画書の準備にかかります。たくさんの草稿類が書かれており、『新島襄全集1』には以下のように一六通が載せてあります。大きく分けて大学設立の目的を説明した文章（Aとしておきます）と、これまでの同志社の来歴を説明した文章（Bとしておきます）があり、さらにその二つを合わせた文章があり、その完成形が「同志社大学設立の旨意」であります。今『新島襄全集1』にある目次番号を［　］の中に表示し、以下の話で草案類の識別を示すための略称を《　》の中に書いておきます。

『新島襄全集1』所収の企画案草稿類

1 《骨案》A［10］同志社大学設立之骨案（明治十五年十一月七日・草稿）
2 《由来》B［11］同志社大学設立ノ由来（明治十五年十一月・草稿）
3 《主意》Aと少しB［12］同志社大学設立之趣意（明治十五年・草稿）
4 《要スル主意》Aと少しB［13］同志社大学設立ヲ要スル主意（明治十五年・草稿）
5 《旨趣》A［14］同志社大学設立の旨趣（明治十五年・草稿）
6 《設立旨趣》A［15］同志社大学設立旨趣（明治十六年四月・活版）浜岡光哲加筆か？
7 《始末》B［16］同志社設立の始末（明治十六年四月・稿、明治二十一年十一月・活版）浜岡光哲加筆
8 《英学校始末》B［22］同志社英学校始末（明治十七年五月・活版）新島公義加筆
9 《明治専門学校》A［23］明治専門学校設立旨趣（明治十七年・活版）新島公義加筆
10 《京都府民ニ告グ》A［29］私立大学ヲ設立スルノ旨意、京都府民ニ告ク（『国民之友』二二号、明治二十一年五月十八日）徳富蘇峰加筆

11《旨意》　BとA　[30]　同志社大学設立の旨意（明治二十一年十一月・活版）徳富蘇峰加筆
12《募金演説》　A　[31]　同志社大学設立募金演説稿（明治二十二年頃・草稿）
13《設立について》　A　[32]　同志社大学の設立について（年代不詳・草稿）
14《資金募集》　A　[33]　同志社大学設立資金募集に付（明治二十二年三月・草稿）
15《主旨》　A　[34]　大学設立主旨（明治二十二年八月十六日、徳富蘇峰秘書写し）
16《必要》　A　[35]　大学設立の必要（明治二十二年頃・草稿）

明治十五年十一月七日に最初の草稿として、一番素朴な《骨案》ができました。これは後ろにAと入れておきました。Aはどういう目的で大学を作るかを論じているタイプの文章です。そして、2の《由来》は、全集では[11]と符号が付けられている資料です。同志社の英学校の由来、来歴を説明しているものです。この由来、来歴タイプをBと分類しました。この二種類の文章を用意することから始まるわけです。そして何度も書き直し、ついに両方を合わせた「同志社大学設立の旨意」に達するわけですが、それは新島一人の作品ではありません。ここに達するまでには何人かの手が入っていていますが、誰がどう手を入れたか判定しにくいものです。少なくとも浜岡光哲、新島公義、徳富蘇峰の三名の名前が分かっています。その中の浜岡光哲は、『日之出新聞』の印刷を引き受けている人物ですが、同志社が出版する印刷物にもかなり手を加えられる立場にありました。新島襄の養子の新島公義も文案の相談に与っています。それから最終的には徳富蘇峰が、新島から委託されて「同志社大学設立の旨意」を作成したことは分かっています。

文章のどこに誰がどのように手を加えていったのかは、判断が難しい問題ですが、それを判定する文体分析の手法が、最近の思想史分野で開発され始めました。岩波書店から『中江兆民全集』を刊行した時に、無署名論説で、今までは兆民のものとされていた作品の真偽が怪しいということになり、再検討を試みました。一つは、専門分野を生かして中国思想・漢文では溝口雄三先生、フランス語では井田進也先生、日本思想史では松沢弘陽先生などが、得意分野の蘊蓄をかたむけて文章を洗い直したそうです。その作業時に、それとは別に、非常に面白い無署名論説認定の見分け方を開発しました。それは、複数ある漢字表現のどれを使用したか、語尾の送り仮名、接続語の使い方の癖はどうかに注目したものです。語尾や接続詞などは、書く人ごとに一貫した癖が見られるということです。たとえば、「……べからず」と書く時に、ひらがなで書く人、漢字で「可ず」と書く人、「可らす」と書く人がいます。「但し」、「ただし」、「但」のどれを使うか。「まことに」という言葉を「誠に」、「まことに」、「洵に」と書いているものがあります。文体に無意識に現れるそれらの癖のリストと、先ほどの学識蘊蓄を傾けた分析結果とを突き合わせたところ、ほぼ同じ結論が得られたというのです。その結果、今までの兆民の作とされていたものの中に相当量の他筆のものを選別することに成功しました。

　ところで『中江兆民全集』第一一巻から第一五巻の「月報」（八、一〇、一三、一四、一五）に、五回にわたり溝口雄三「認定作業をふり返って」が掲載されてあります。溝口先生はその最終回で、この手法を用いて分析してみると、「新島襄の『同志社大学設立の始末』と『同志社大学設立の旨意』の二編は、ともに本人の署名入りではあるが、私どもの認定方法によれば同一人物のものではないということになる。……」と書いておられます。これは面白いと思いまして、私は溝口先生に手紙を書き、詳しい鑑定を依頼しました。その後溝口先生は中国にいらっしゃることになったため、代わって井田進也先生が精査を引き受けて下さいました。その成果が、井田進也「徳富蘇峰と「同志社大学設立の旨意」――『中江兆民全集』の無署名論説認定基準を応用して――」『同志社談叢』一七号です。それによると、結論として「同志社大学設立の旨意」には徳富蘇峰の筆による文章であることが分かりました。

さて同志社大学設立の企画草稿類の表現の変化の一例を挙げてみます。二番目の《由来》Bは同志社英学校を創るまでの由来を書いてあるのですが、一番力を入れているのはラットランドの教会での新島の募金演説に応じた感動的な場面のことです。ここにおいては、新島が安中藩を離れた事を「遊学」と表現しています。それが、いつの間にか「脱藩」に変わっていきます。七番の《始末》(浜岡光哲が加筆した文章ですが)、において初めて「脱藩して米国に赴き」となります。しかし真実は脱藩ではありません。新島は合法的に藩から離れ、藩の奨学金を貸与されて函館に赴きました。しかし今日「脱藩して函館に赴き」が定説のようになりました。アメリカへの「脱国」の方は明らかに自分でも掟に違反して行動したことを意識していますが、函館行きの時も心理的には、同じ気持ちだったのでしょうか、新島はこの脱藩という表現を容認しています。こういう微妙な変化が出てきます。

徳富蘇峰の加筆

一一番目《旨意》には、何と言っても徳富蘇峰の筆が大きくて影響していきます。一体どこまでが新島襄で、どこからが蘇峰の手になるのかは大変判断しにくいのですが、それを調べる大変いい材料があります。それは一〇番目の《京都府民ニ告グ》と略表記した文章です。一八八八年四月十二日、新島は知恩院に京都府の名士、有名人を招待して、そこで大学の必要性を訴えた有名な集会を開きました。その時の新島の演説を蘇峰は『国民之友』二二号に掲載しました(本書参考資料1)。それがこの一〇番目《京都府民ニ告グ》です。実はこれは、相当蘇峰の手が入っている文章だと思われます。この演説の元となった新島の手書き原稿「智恩院大集会における演説稿」(『同志社百年史』資料編第一、三六〇頁)が残っています。推敲の跡が生々しい原稿です。もちろん当日この原稿通り話したとは限りません。また蘇峰が知恩院集会に参加して筆記していたのか、それとも新島から原稿が送付されたのか、あるいは当日の聴衆の筆記が国民之友社に送られたのかは不明です。ですから、かなり大雑把な比較しかできないのですが、それでも両者を比べますと顕著な違いが見られます。『国民之友』の方で分量がかなり増えている、四〇パーセントぐらいは、増えてきています。細かいところでたくさん違いが出てきます。その違いを見ると新島襄と蘇峰の微妙な意識のずれが浮上してきていると思うのです。

一つだけ申し上げますと、新島襄の原稿の方が明治政府と調和的であります。自分が大学を創るということは政府の大学づくりの一環だとしてそれを助けるのであると強調しています。明治五年の「学制」の中には八大学区と書いてある、全国に八つの大学を創るつもりなのにまだ東京には一つしかできていない。二番目には関西に創る。その時には、私、新島が一肌脱いで大学づくりとして協力しますよ、とこういう風なことを言っております。

特徴的なのは原稿の中にある「私立大学ヲ設ケラレヨ」の部分の「私立」の字を、推敲段階で、線で消している点です。最初は原稿に書いてあるのに、演説の時には、私立を言わないようにして、「大学を設けられよ」とだけ話したことが推測されます。大学づくりのような「国ノ一大事」を政府だけに任せておくのは、依頼心の甚だしいものだ、設立は私の「宿志」だ。こういう風なことを言っております。ところが『国民之友』に載せた文章では、はっきりと「私立の一大学を起こすべし」と、私立のところを強調しまして、官立と私立の違いとを強調しています。これで、「大学は人民の手によりて私立の一大学を起こすべし。そもそも、一国人民教育は人民の負担するべきものにして教育の事は何もかも政府が着手すべきものにはあらず」と言って、人民の力を強調するこういう変化が出てきています。この「私学」の強調は徳富蘇峰の筆によると思われます。その他、細かい点では多々、変化が起こっているのです。そういう経過は、「同志社大学設立の旨意」の策定過程での蘇峰の修正を連想させます。

さて一一番目の「同志社大学設立の旨意」で徳富蘇峰はどういう役割を果たしたかということを考えると、まず、文章全体を構造化をしたことが挙げられます。それまでは、目的（A）の部分と来歴（B）の部分が別々に印刷されている。あるいは、目的を強調して書いておいて後ろに少しだけ同志社英学校の由来、歴史に触れていたのですが、蘇峰はそういう扱い方を改めまして、前半部に来歴（B）を配置し、それから後半で目的（A）、なぜ今大学なのか、大学設立の目的を謳い上げ、全体構成を見事に仕上げています。最初は相当たっぷりと長く、脱国して以来の新島襄の波乱万丈の半生、その中で学校事業を志す経緯、同志社英学校を創りそれが繁盛している現在までのドラマチックな育英事業家新島襄の活動を描きます。そして後半部でおもむろに今なぜ私立大学が必要かを説きます。こうして両者を統合したことが、それまでの草稿とは大きく違うところです。

それから、私学の独自性を際立たせているのも強く目立つところです。その時に返す刀で当時の教育界の反動化の問題を取り上げて批判しています。明治十年代中葉の日本の教育は儒教的徳育を復活しつつある、それではいけないと強調しています。これも目立つ部分です。一言で言いますと、その頃徳富蘇峰は『将来之日本』とか、『新日本之青年』という全国的なベストセラーを世に出して、「平民主義」を唱導していました。その路線を新島襄も大いに認めて、それを同志社の礎として「同志社大学設立の旨意」の中に採用したところがあると思います。ある意味で蘇峰らしさが文体に出ているとは思うのですが、この蘇峰の貢献をどういう風に表現すればいいのか分かりません。私は初め、文章を飾る「文飾」の程度だと思っていたのですが、それ以上のものがある。むしろ蘇峰や浜岡光哲や新島公義など複数の人、特に蘇峰の意思が融合した形で「私学」を強調した「同志社大学設立の旨意」はでき上がっているものと見るべきであると感じました。

入学式で聞くと大変重々しいのですが、むしろこれは青年蘇峰の文章であるという面が強いと思います。そうすれば、いつ頃からそういう思想が蘇峰の中で育ったかということを見ていきますと、お配りしたプリントの最後の頁のところを見てほしいのです。「第十九世紀日本ノ青年、及其教育（草稿）」花立三郎・杉井六郎・和田守編『同志社大江義塾　徳富蘇峰資料集』（三一書房、一九七八年）所収です。後の『新日本之青年』の最初の草稿です。これは明治十八年五月五日から書き始められまして、五月十九日に書き終えている。二週間ぐらいで一気に書き上げています。明治十八年と言いますと、徳富蘇峰の年齢は、満年齢で二十二歳、グリークラブの諸君たちと同じ年齢なのです。これがのちに田口卯吉の目に止まり出版され、ベストセラーになり、全国的に蘇峰の名が知られているようになったわけです。この文章の中の「（第三）」とされているところの「私立学校ヲ開設スルニアリ。教育ノ普通ナルヲ経画シ高等ノ教育ヲ設ル等ハ是レ政府ノ一ノ職分ナリト雖トモ、之ヲ政府ニノミ放任スルハ決シテ有志者ノ安心ス可キ所ニアラス。」は、ほとんど「同志社大学設立の旨意」と同質の文言です。二十二歳の青年の文章なのです。熊本県の大江義塾時代に書き、そして、塾生に演説をして聞かせているものです。その中にすでに出ているのです。また「固《もと》ヨリ彼ノ官立公立ノ学校ナルモノハ資本既ニ書籍、器械、教則、教員等具備スルモノナレハ、更ニ間然スル所ナキカ如シト雖トモ」、つまり、官公立の学校は、お金はあるし本も道具もある、先生もそろっている。欠点がないように見えるけれども、と語った上で、逆接でつないで「吾人ハ今日ニ於テ大ニ私立学校ノ教育ノ必要アルヲ見ルナリ」と、あえて「私立大学」ということを強調するのが蘇峰なのです。「何トナレハ今日ハ少年ヲシテ唯普通ノ学科ヲ蹈ミ専門ノ科学ヲ修メシムルニ止ラス、亦タ大ニ其ノ思想ヲ高尚ナラシメ」る必要があるが、私学教育でこそ可能なのであると言いました。「其ノ精神ヲシテ活発ナラシメ」る、と声を張ります。言い換えると官立学校では精神が死んでしまう。それに対して「精神ヲシテ活発ナラシメ、其ノ志気ヲシテ遠大ナラシメ、其ノ品行ヲシテ端厳ナラシメ」と言いました。「彼ノ少年生ヲシテ真理ヲ求メ真理ニ従ヒ真理ヲ行ハシムルノ必要アル時節ニシテ、而シテ此ノ必要ヲ供給スルモノハ之ヲ彼ノ官立学校ヨリモ私立学校ニ於テ其ノ優所アルヲ見レハナリ」。これらの文言はほとんど「同志社大学設立の旨意」にも登場します。精神の活発は私立学校の方が、よくできるのだと言っています。

　どうして蘇峰がこういうことを言い出したかと言うと、それなりの体験があったからだと思われます。徳富蘇峰自身が官立学校を経験し、そこを逃げ出して同志社に学んだ人であるということです。一時蘇峰は東京英語学校

（のちの第一高等学校）に入っていました。当時、東京英語学校から大学予備門、東京大学に行くということはエリートコースでした。この時の同級生には新渡戸稲造、内村鑑三がいました。内村鑑三は、その時の成績表を持っていて、後年、蘇峰は見せられたそうですが、蘇峰はビリに近かったそうです。要するに、官学と肌が合わなかったので勉学意欲が湧かなかったのです。

彼は東京英語学校を逃げ出しまして、いとこの金森通倫がいる同志社に来ます。新島襄先生に会った時、これは本物の人物だ、と精神的高揚を感じたそうです。そして、東京英語学校は授業が終わると教師がさっと消えるような学校であったけれども、同志社は違うという感想をもちます。機械的、画一的な官立学校と私学同志社の良さの違いがあります。当時の教育界が反動化していたことも背景にあります。明治十三年に「改正教育令」が出ました。その頃から儒教教育が復活しまして、福沢諭吉の著書が教科書から消えていきました。これが、もっと徹底しますのは、明治十九年に森有礼が文部大臣になった時からです。とにかく窮屈な教育を見ていて、蘇峰は新島襄と意気投合します。教育は知育だけではいけない、徳育も必要である。ただしその徳育は日本政府がしているような徳育ではかえって有害である、キリスト教主義の徳育でないといけない。自由とキリスト教だと言います。

そして、「同志社大学設立の旨意」を完成する時に新島襄から深い信頼を受けて、資料一式を渡され書き上げたわけです。ただ、どういう執筆過程かなどは分かりません。完成稿が、『国民之友』の付録としてあるだけで、蘇峰の草稿などは消えてなくなっており、分かりません。新島襄の名前で刊行されました。

蘇峰の影響力のすごさ示すものとして、同志社の良心碑にもある「良心」という文言を挙げておきます。実は「同志社大学設立の旨意」以前の草稿には「良心」の用例はなく、ここで加わっているのです。正確に言いますと、この言葉を徳富蘇峰は「同志社大学設立の旨意」以前より使用していました。それは『国民之友』明治二十一年二月十五日号の「私立大学」という文章で、その中で徳富蘇峰は「良心を手腕に」という文言を使っています（同じ号に有名な「福澤諭吉君と新島襄君」という文章も掲載されています。この時期の『国民之友』は同志社大学設立運動を支援するための記事を載せ続けていました）。

もっと言いますと、さらに古くは『第十九世紀日本ノ青年及其教育』を『新日本之青年』と改題した時の前文に、「クロンウエルガ所謂良心ヲ手腕ニ運用スルガ如キ」と加筆しました。これが出版されたのは明治二十年八月です。イギリス革命で長老派と対立していた組合派クロムウェルの言葉を引用しています。このようにイギリス革命の中心的な言説が蘇峰経由で建学の精神の中に定着していきました。ただし、新島襄が、良心という言葉を使っていなかったかどうかと言えば、実はそれ以前から使っております。「良心」は、十九世紀後半のアメリカ文化を分析する時に、注目すべき言葉であると思います。

十九世紀後半のアメリカには、自然科学の発達の中で、真理を「聖書」にではなく自然や人間の中に検証する学者が現れました。人間を造ったのは神様なのだから、「人間」を研究する事が真理への道である、という合理化を行います。キリスト教における真理の解釈が変化し、神の真理を聖書に検証するという言説がだんだんと勢いをなくして、自然界や人間そのものの中に神の真理を検証するという議論が優勢になってきます。その時の人間を規定する要素の一つにコンシエンスという概念が使われました。これを一歩進めると心理学になります。

十九世紀後半にキリスト教や社会倫理を説いていたブラウン大学学長ウェイランドや、ウィリアムカレッジ学長のマーク・ホプキンスは、どちらも医者でもあるのですが、人間分析にコンシエンスという言葉を使うのです。ウェイランドは人間を、body、wisdom、passion、conscience、will の五要素で説明しました。ちなみに福沢諭吉がウェイランドを訳出した時にはコンシエンスの言葉を「至誠の本心」と訳しました。また新島襄と非常に親しかったエール大学学長ノア・ポーターは、アメリカ心理学の先駆者とも呼ばれています。ポーター本人は心理学とは言わず、キリスト教的人間解釈だと言いますが、人間の心というものを自然科学的に捉える転換期に居りました。ここに現れてきたのがコンシエンスです。それが新島にも影響していたはずです。ともかく蘇峰の挿入した「良心」を新島はそのまま残しました。

いろんな要素を含んだ「同志社大学設立の旨意」

「同志社大学設立の旨意」の面白さというか、格調の高さを考えてみたいと思います。それは後半部の、なぜ大学が必要なのか目的論が書いたところに顕著です。ここの中に徳富蘇峰の『新日本之青年』の中に書かれている文言と非常に近い言葉がたくさん盛り込まれ、謳われています。たとえば、配布のプリントの直後の上の段の最後の行のところですが、「吾人は教育の事業を挙げて、悉《ことごと》く皆政府の手に一任するの甚た得策なるを信ぜず」、教育を政府だけに任しているのは得策ではない。良くない面もあるのだ。「苟《いやしく》も国民たる者が、自家の子弟を教育するは、是れ国民の義務にして、決して避く可き者に非ざるを信ず、而して国民が自から手を教育の事に下して、之を為す時に於ては、独り其国民たるの義務を達するのみならず、其仕事は懇切に、廉価に、活撥に、周到に行き届くは、我れ自から我事を為すの原則に於て決して疑ふ可きことに非ず」、と言います。なぜ私立がいいのか。一つは自分の子どもを教育する時はみんな熱心にするでしょう、という原理なのです。つまり、政府に任せておくと手抜きをされるかもしれないけれど自分が自分の子を教育する時は懇切に廉価に、活発に、周到に育てようとする。言い換えますとこのことは、教育権というのは、親にあって、政府にあるのではないと言っているのです。そういうことをしっかりと自覚して書かれています。たとえ金がなくとも、やはり私学はすばらしいのだと言っているのです。

また「教育とハ人の能力を発達せしむるのみに止まらず、総へての能力を円満に発達せしむることを期せざる可からず」、つまり教育というのはオールラウンド・プレイヤーを育てないといけないのだと、知育だけではいけない、体育だけではいけないと、いろいろな能力を増やすことが必要だというわけです。

「若し教育の主義にして其正鵠を誤り、一国の青年を導いて、偏僻《へんぺき》の模型中に入れ、偏僻の人物を養成するが如き事あらば」、教育が偏った形や歪んだ形を作ってその模型の中に青年を入れて、偏僻の人物を作るようなことがあれば、「是れ実に教育は一国を禍《わざわ》ひする者と謂《い》はざる可からず」、教育はむしろ有害である、と言っています。これは明治二十一年を考えますと、森有礼文部大臣が出てきて、師範学校で軍隊式の師範教育を始めている時期であります。そういうことを意識して、この種の学校では歪んだ人間が生まれていると批判を込めています。

「所謂《いわゆ》る角《つの》を矯《た》めて牛を殺し、枝を析《さ》いて幹を枯《から》すが如く、文明の弊風を矯めんと欲して、却って教育の目的は、人為脅迫的に陥ゐり、天真爛漫として、自由の内自《おのず》から秩序を得、不羈の内自から裁制あり、即ち独自一己の見識を備へ、仰いて天に愧《はじ》ず、俯して地に愧ず、自ら自個の手腕を労して、自個の運命を作為するが如き人物を教養するに至っては、聊《いささ》か欠くる所の者なきあらず」、曲がっている角をまっすぐにしようと牛まで殺してしまう。その種の人間の根性を叩き直すという教育は、人間そのものを潰してしまうことだって教育の名の下に起こりうる。剪定しようと思って幹まで殺してしまう。「学制」以後の行き過ぎた西洋風知育偏重の弊害を改めようとして、かえって教育が人為脅迫的になり、おどおど人間を造っている。官立の学校には天真爛漫な人間が育っていない、と見ているわけです。それで私学同志社ではキリスト教主義に基づいて、のびのび教育の中に自己責任をもった人物を育てると謳うのです。

　私立学校の特徴として特に強調したのが、主体的意思の力や使命感です。「如何に学術技芸に長したりとも、其人物にして、薄志弱行の人たらば、決して一国の命運を負担す可き人物と云ふ可からず」、ものすごい秀才であっても、意志が弱い。こういう人物であれば、こういう人物を育てることになれば、将来国を背負うことはできない。なかなか格調の高いのと同時にある意味では、青年の自己主張が込められている文章です。このへんの「仰いて天に愧ず、俯して地に愧ず」（孟子）の使い方もほとんど、『新日本之青年』と一緒です。ですから、「同志社大学設立の旨意」の後半部には二十一歳で草稿を書いた『第十九世紀日本ノ青年及其教育』の文言がちりばめられています。その対比については私の論文「教育事業家新島襄と徳富蘇峰」（伊藤彌彦『明治思想史の一断面』晃洋書房、二〇一〇年所収、一二八頁）をご覧ください。この蘇峰青年の心意気が「同志社大学設立の旨意」の格調をつくっているし、また青年の気概を汲み取って徳富蘇峰に加筆を託したところに新島襄の見識の高さがあったと思います。

そういうさまざまな要素を総合して「同志社大学設立の旨意」はできています。これほどりっぱな設立目的、建学の精神がある大学はそうありません。同志社人の誇るべき宝物ではないでしょうか。

同志社英学校から大学を

入学一期生と卒業一期生は別人

現在は二万人をこえる学生がキャンパスにあふれている同志社大学であるが、明治八（一八七五）年の開校時にはわずか八人の学生と共に始まったのであった。その後の一二六年の歩みを現在の高さから振り返ると、順調で連続的であり、低次のものを総合しながら発展してきたかに見える。しかしその出発点に立ち返って上を見上げた時には、明日をも知れぬ未知への船出だったのであり、すべては流動状況の中での非連続的選択の集積に他ならなかった。

同志社の場合、そのことは、例えば、同志社英学校開校時の入学一期生と第一回卒業生の顔ぶれが一人も重ならないという奇妙さにも現れている。最初の入学生八人のうち名前をほぼ確定できる者は、元良勇次郎、上野栄三郎、本間重慶、二階堂円造、中島力造、須田明忠の六人である。彼らは同志社英学校普通科五年の修学期間を全うすることなく、中退あるいは仮卒業して同志社を飛び出していった。本間重慶と須田明忠はキリスト教伝道者の道を選び、元良勇次郎と中島力造はやがて東京大学教授になっていった。

他方、明治十二年六月に行われた最初の卒業式の顔ぶれは、山崎為徳、森田久万人、横井時雄、浮田和民、小崎弘道、吉田作弥（以上は熊本洋学校一期卒業生）、海老名弾正、和田正修、不破唯次郎、市原盛宏、加藤勇次郎、金森通倫、下村孝太郎、宮川経輝（以上は熊本洋学校二期卒業生）、岡田松生（熊本洋学校三期繰上げ卒業生）の一五人の面々であった。つまり全員熊本洋学校から移籍して来たつわものたちであり、卒業後、日本のキリスト教界、教育界、実業界などで指導的人物となって活躍した。同志社時代、彼らは「余科、別称バイブルクラス」に所属していた。ここにも混沌から制度は生まれる時代の苦心がかいま見られる。その内容に踏み込む前に、この頃の教育事情を想起しておこう。

維新革命と学校

一般論として、明治維新のような体制転換期には教育制度の変革も進む。革命の勝者は、旧体制や旧価値観の再生産を防ぐべく在来の学校システムを破壊し、新システムを採用するからである。また新時代に遭遇した青年たちも、もはや尊王攘夷の旗を振っている時代は終わった以上、新時代の処世法を模索しなければならなかった。そこで流行ったのが、福沢諭吉『学問のすゝめ』と中村正直『西国立志編』であった。つまりそれらは、学問を道具に、自助努力によって自分の人生を開拓する道を教えていたから、青年の若き血は燃え、人心は高揚し、学校熱・教育熱が高まった。

明治四年に創設された文部省は、文明開化の先端をゆく官庁であった。政府は蕃書調所の流れをくむ東京開成学校（のちの東京大学）でお雇い外人が直接英語で授業する高等教育を推進し、他方、初等教育は「学制」による小学校の全国普及を強行した。ただその中間に位置する中等教育には、政府の手が回りかねた。そこで、小学校を終えた青少年を吸収したのは私塾・私学であった。こうして教育界には、民権熱を伴いながらの近代教育史上最も活発な「民の時代」が、森有礼文相登場の頃まで続いていた。

同志社英学校の開業

新島襄は、そんな文明開化の真っ只中の明治七年に十年近い海外生活（主にアメリカ）を終えて帰国した。自分自身フィリプス・アカデミー、アマースト大学で学ぶというアメリカ最良の高等教育の体験者であるのみならず、岩倉遣米使節団に協力して、アメリカ及びヨーロッパ諸国の教育制度を視察調査し『理事功程』の草稿を執筆していた新島は、当時、米欧教育情報にいちばん詳しい日本人であった。その新島襄が明治八年、京都に開設したのが同志社英学校である。

京都府庁文書の「私立学校調査表」によって、京都府の私立学校の年度別開校数を拾うと、明治五年四校、明治六年一校、明治七年二校、明治八年十一校、明治九年十三校、明治十年五校、明治十二年十三校となる。これらの私立学校のほとんどは教師一名で経営する私塾であり、教科内容も大半が漢学系で、あとは筆道が数校と数学塾が一校であった。そんな中で、同志社英学校と同志社女学校だけが英語学を看板にしており、しかも開校時に複数の教師を擁し、それも海外生活一〇年の新島襄と、会衆派・組合教会（コングリゲーショナル派）が海外伝道のために作った団体アメリカン・ボードからの派遣宣教師デイヴィスがいた。

同志社英学校の魅力の一つは英語教育にあった。かくてすぐに京都最大手の私立学校に成長していった。初期同志社の入学生の中には、地方の中学を卒業ないし中退して同志社に入り英語力を付けようとした者も多かった。英語学校人気は全国的現象であった。その頃東京開成学校に進学するには英語の実力のみが条件とされていたからである。『日本近代教育史事典』によると、明治六年十二月に東京英語学校（のちの第一高等学校）が設けられたのち、「全国に公私立の外国語学校が、設けられ、その数は最盛期の明治八年において官立九、公立八、私立八六計一〇三が数えられる。……地方の私立外国語学校は多くは地方の中学校となったけれども、その中にはキリスト教を標榜した新島襄の同志社英学校のように、のちに大学の源流となったものもあり」と紹介されている。

同志社英学校のもう一つの吸引力は、意外にもキリスト教にあった。新島襄は、西洋文明の本格的な摂取のためには西洋文明の基であるキリスト教が不可欠であると信じており、官憲の目を盗んで聖書を講義していた。そのころ熊本では、藩が人材育成の切り札として始めた熊本洋学校に大騒動が起こっていた。英才教育で鍛え上げられた最良の学生たちがある日、花岡山に登り「奉教趣意書」に署名してキリスト教確信者になってしまったのである。いわゆる「熊本バンド」の誕生である。そして、熊本洋学校は廃校になる。その時、行き場を失ったクリスチャンたちの受け皿になったのが、同志社であった。

英学校開設二年目の明治九年九月の新学期の前後、三々五々、約四十人ほどの元熊本洋学校生が同志社英学校に移籍して来た。同志社にすればこれは思いがけない嬉しい援軍であった。しかしまたこれは、開校後順調に生徒数を増やし星雲状に凝固し始めていたキャンパスに、突如、異質の精鋭学徒集団が彗星のように衝突した出来事でもあった。それは従来言われている「輸血」という比喩よりも「臓器移植」と言うべき出来事で、初期同志社の空気を一変させた。同志社英学校を立ち上げた直後の新島襄らにとっては困惑もあったのではあるまいか。

というのは、まず到着した熊本洋学校一期生から五期生の学力がまちまちであり、在校生とも不調和であった。すでに一年前に、熊本洋学校を卒業していた一期生の横井時雄と山崎為徳が東京開成学校を中退して同志社英学校に来たことが示すように、一期生から三期生までは十分に英語も堪能であり、今彼らに必要なのは大学レベルの高等教育であった。四期生、五期生であった家永豊吉、徳富猪一郎（蘇峰）、蔵原惟郭らは普通科にとどめるとしても、新島たちは前者のために「余科（予科ではない）」をつくらねばならなかった。同志社英学校最初の卒業生は、普通科生ではなくこの余科生たちで占められたのである。

このことから初期同志社には二つの動きが発生した。一つは普通科（在来からの学生と熊本洋学校四期・五期生など）と余科（バイブルクラス）の対立で、これは知育派対徳育派の対立とも呼ばれた。この乱気流が、例の新島襄の

「自責の杖事件」の遠因となった。なお普通科の優秀な学生には大久保真次郎、徳富蘇峰、元良勇次郎など中退者が多い。

第二には、同志社英学校は開校二年目にして、神学を中心に実質大学レベルの高等教育を施していたことである。したがってここから、その実態に相応しい制度を求めて大学設立運動が生まれたのは不自然はない。新島襄が初めて大学設立構想を語ったのは、明治十四年十月中旬、古沢滋、土倉庄三郎と会った時であった。新島構想には神学校の他に理化学校、政法学校があった。同志社英学校普通科の最も優秀な青年が官立の東京大学に流れ、そこで進化論を教えるモースなどの反キリスト教的雰囲気に呑まれることを防ぎたかったのも動機であった（太田雄三『E・S・モース』リブロポート）。また国会開設を控えて優れた市民政治家を育てる悲願をもっていたからでもあった。

「人民の手によって設立する大学」

こうして育英事業家新島襄による大学設立運動が始まった。その新島襄の大学理念があざやかに語られている文章は、徳富蘇峰の協力の下で完成した「同志社大学設立の旨意」（明治二十一年）である。そこには新島自身、幕末、勉学指向型青年でありながら抑圧され不本意な青年期を過ごした体験、脱国して南北戦争後のアメリカ東部の市民社会で受けた自由教育の体験、それらを明治の青年の育成に活かしたいという強い意志が込められていた。

私立大学を「人民の手によって設立」することを訴えて、教育事業を「政府の手に一任」することは国民として「無頓着にも、無気力にも……依頼心の最もはなはだしきもの」だと主張した。こうして二十を超える新聞・雑誌に大学構想を公表して民間の支援を求めたのであった。その大学の理念は小崎弘道ら熊本バンドの思想よりも、当時徳富蘇峰が『新日本之青年』で展開していた「平民主義」と共鳴し合っていた。官立学校の教育は「人為脅迫的」であり「一国の青年を導いて偏僻の模型中に入れ」、「偏僻の人物」「薄志弱行の人物」を生み出している。これに対して私立大学は、たとえ設備は不十分でも「天真爛漫として、自由の内自ずから秩序を得る」ところの「自治自立の人民を養成する」ことができる、と声を張る。この自立人を来るべき国会におくり、新国家を動かすシステムを築こうとしていた。新島の国家構想は「自由教育、自治教会、両者併行、国家万歳」の文言に集約される。

しかし、時は教育勅語のもと、天皇制教育の時代であった。この中でキリスト教主義と自由主義を原理とした同志社教育は長い苦難の道を歩まねばならなかった。市民社会やボランテイアの観念がやっと定着し始めた二十一世紀の今日、「同志社大学設立の旨意」はやっと存在場所を得た観がある。

参考文献

本井康博『新島襄と徳富蘇峰』晃洋書房

伊藤彌彦『のびやかにかたる新島襄と明治の書生』晃洋書房

伊藤彌彦編『新島襄全集を読む』晃洋書房

参考資料1　私立大学を設立するの旨意、京都府民に告ぐ

〔解題。『国民之友』二二号（明治二十一年五月十八日）に掲載されたもので、『新島襄全集1』所収。明治二十一年四月十二日、京都知恩院で行った新島襄の演説。私立大学設立の必要性を京都府の名士、府会議員らを相手に説いたもので、内容は「同志社大学設立の旨意」に近い。この演説の草稿が『同志社百年史』（資料編一）にあるが、比較すると本稿の分量がかなり増えている。『国民之友』掲載にあたり蘇峰による加筆があったと考えられる。文体分析を試みた井田進也氏は本稿を蘇峰の文章と判定している（『同志社談叢』一七号）。カタカナ体を平仮名に改めた。〕

理事委員諸君の御周旋により、本日茲《ここ》に、此の大会を開き、不肖なる私が、私立大学校設立の事に付、京都府知事を初めとし、両書記官、諸課長、両区長、戸長、府会議員、各会社頭取、新聞記者の諸君、その外府下の紳士方、並に、神戸大阪よりの、来賓諸君の前に出て、一言を吐露するを得るは、私に於て、殊の外の面目と存じます。扨《さて》、諸彦《しょげん》の御来臨を仰ぎましたは、此の府下に、一の私立大学設立の事を、御相談致し度き事でござります。

此の私立大学設立の事は、明治十七年以来、私と山本覚馬《やまもとかくま》両人が、発起人となり、府下の紳士、若干名の賛成を得て、早く已《すで》に、天下に訴へ、江湖諸君の翼賛を仰ぎました、然るに兎角、時機の未だ到来せざるにや、多少の賛

成家を得て、漸々《ぜんぜん》と寄付金も受け居《お》りましたが、余り果敢々々敷《はかばかしく》、進みもなく、今日迄参りました、併し、時機と申すものは、待たねばならぬもの丶、亦人間より来らしめねばならぬ者と存じまして、今回理事委員方の御尽力を乞ひ、この大会を開いた訳でござります。

是れより、何に故に大学が必用と申す事に付き御話し申しまする、なぜに大学を要するかと申せば、大学は智識の養成場なり、宇宙原理の講究所なり、学問の仕上げ場なりと答へまする、又大学は文化の源と、否一国の基ひと申して苦しからず、扨、人間には、天より、智性、徳性を付与されまして、之を磨けば進み、磨かざれば退く事は、造物主宰の原則、人間の通理にして、つまり、開化人とは、即ち之を磨て進んだ民を申し、野蛮人とは自忘自棄して、此の智性、徳性を磨かぬものを申します、当時学者の称へまする、優勝劣敗も、この道理に基ひた訳であります、天は自ら助くる者を助け、勤むるものに与ふとは、西洋人の心に銘じて忘れざる事で、今日欧米の文化は勉強の結果でござります。

私、曾《かつ》て汽船に乗り、遠州灘を航するとき、日本形の帆前船が、向ひ風の為に吹き戻され、西洋形の汽船は、烈しき風に向ひながら、少しの頓着もなく、進み行くを見て、智識を磨ひた人民の作つた船と、智識を磨かぬ人民の作つた船の、比較をなし、大ひに痛く、人智の磨かずんばあるべからざるの理を悟りました。

日本船には第一「キール」(船底を一貫したる木)がなく、随てまぎりが、き丶ません、少しの無理に直に沈没致します、西洋船には、其の船底に、「キール」を付けたれば、幾多の帆を揚げ、風に懸《か》くるも、容易に沈没せず、殆んど風に向ひ航する事が出来まする、而《しか》して此れにても満足せず、米国のフールトン氏は、今より八十二、三年前の比《ころ》より、蒸気機関を船中に仕懸けて、船を動かす事を発明してより、世界の航海をして、遂に今日の如く盛んにならしめました。

欧米諸国にては、此の十八、十九世紀の中に於て、何に程の新発明を為し、又如何計《いかばか》り学問の程度を進めましたか、実に夥多《おびただ》しき事にして、枚挙に遑《いとま》あらぬ事と存じます、之に反して我が日本徳川氏の昇平三百年間に於て、何一つの新発明がありましたか、何の進歩を為しましたか、この一点を論じ来れば、我が日本人は、甚だ智識脳力の乏しきものゝ如く思ひます、否、智識脳力の乏しきにあらず、全く智識脳力を活用せざるに由る事と思ひます、当時は幸に我が日本も、多くの外国船を買ひ入れ、又、造船場も出来ましたが、是れよりは造船場にて、船を造るに必要なる、智識学問の講究所が、必用にござります。是れは只一の例証に申した迄ですが、凡そ一国の開明を進めんとなれば、必ず理学なり、化学なり、哲学なり、神学、文学、社会学、経済学、政事学、法律学等、諸学科を講究し得べき、大学がなければなりません、又況んや、大学は、学者芸人を作り出すのみならず、実に一国の元気となり、精神となり、又柱石となり得べき人物を養成せねばなりませぬ、本立而末生《もとたちてすえしょう》ず、開明の花を望まば、先づ開明の根を培かひ、文化の流れを汲んとなれば、宜く文化の源に遡らねばならぬ事と存じます、方今我が日本人は、仏朗西《フランス》の法律を称賛して、之を採用しますが、仏の法律学も決して一朝に進んだ訳でなく我邦に於て頼朝が覇府《はふ》を鎌倉に開きし頃より、はや、パリスには、大学の設がありまして、羅馬《ローマ》の法律を講じ出しました、英国にては、我が北条の時代より彼の有名なる、オックスフオルトに大学の基ひを置き、法学、哲学、理学などを講究し出し、独乙《ドイツ》国にては足利の時代より、続々大学を設け初め、今は已《すで》に、三十有余の宏大なる大学がありまして、而して今の文運の隆盛を来らしむるの基礎となりました、其外、伊太利亜《イタリア》の如きは、欧州中第二の強国に位するも、国中、已に十七箇の大学校を有し、その内二、三の大学の如きは、しかも、二千人有余の書生がおりまする。

米国の東部なる、ニューイングランドに清教派の祖先が、移住しましたは、我が大坂落城六年の後でありますが、其の開墾以来、十五年を出でざる内に、早や、ハーオルド大学の基をすへ、青年の薫陶に尽力しました、彼の米国人が独立自治の元気に富むも、此の大学の如きは、与て力ありと申して可なりと存じます。

今や我日本も、維新以来其名に負《し》かず、事物日に新に、月に盛に、徐《おもむ》ろに春風も吹き来り、文化の花も将《まさ》に綻《ほころ》びんとし、早や、東雲《しののめ》告る朝《あした》となり、赫々《かっかく》たる太陽は正に東天に昇らんとし、僅々一年を余して、国会開設の盛典を観んとするの時となり来りましたは、此れ皇天の賜ものにして、吾々の此の時代に遭逢するは実に、吾々の慶幸と申すべし、吾人は豈に皇天の賜を空ふすべけんや、皇天亦《また》吾人に望む所ろあらんか。

嗚呼襄の如きは、才劣にして学浅く、邦家の為に竭《つく》すと公言するも、少しく心愧《はずか》しふございまするが、今の時世と境遇とに励まされ、身の不肖をも打ち忘れて、此の大事業なる、大学設立の一事に当たらんとするは、甚だ大胆の如くに見えまする、只私に於いては、区々たる一分を竭さんとするの志し、恰《あたか》も浅間ヶ嶽の火噴黒烟の如く、勃々として起り来り、日夜に自ら制する能はざるに苦み、遂に発して一場の演説となり、又一片の文章となり、汎く天下に公言するに至りました、これ只だ外ではありません、人民の手に依て、宇宙の原理を講究すべき、私立一大学を起し、我か邦家千百年の後を計らんとするにあり、是れ襄が畢生の志願にして、死しても、斃《たお》れても止まさる所の願望でござります。

人或は問ん、東京に立派なる帝国大学校のあるのに、爾《なんじ》は何を苦しんで又々大学を起さんとするかと、余は之に答へて曰ん、抑《そもそも》一国人民の教育は、人民の負担すべきものにして、教育上の事は、何もかも、政府の着手すべきものには、非ず、我が明治政府の東京に大学を起せしは、人民に率先して、其の模範を示したる事ならん、想ふに将来、日本全国の大学は、政府の手を以て尽く立んとするには非るべし、察するに我か政府も亦吾々人民に望む所ろあるか、去れば吾々も宜しく坐視傍観すべき事ではありますまい。

夫れ教育は国の一大事なり、この一大事を吾人人民が、無頓着にも、無気力にも、我が政府の御手にのみ任せ置くは、依頼心の尤も甚しきもの、又愛国心の尤も甚だ乏しきものならずや。

我か政府憂て　人民憂へざるの理あらんや
我か政府労して　人民労せざるの理あらんや

吾人は、いつまでも小児ではなりません、宜しく振《ふるい》て我が本分義務を尽さなければ、なるまいと思ひます。是れ裏の熱心私立大学を起さんとする以謂《ゆえん》でございます。

米国の如きは、五千余万の人民ありて、今已に三百五、六十余の専門大学を有して居ります、我が国も三千八百余万の同胞がありまする故に、たつた一の帝国大学を以て足れりとする事なく、第一の大学は官立に関はりたれば、願くは第二、第三の大学に至ては、全く民力を以て立てたきものでござります。

人又問はん、何ぞ京都を撰んで大学を立てんとするや、答へて曰ん

関東已に一大学あり関西も亦一大学なかるべからず

吾々が、関西に大学を起さんとするのは、少しく学術分権の意なきにあらねども、地を京都に卜《ぼく》しましたのは、地理其の宜きを得たるからであります、御覧なさい、京都の地は、山高く、水清くして、恰も仙境の如し、青年が繁雑の世塵を避けて、深く学び、静かに考ふるには、尤も可適の地と云はざるを得ません、抑《そもそも》桓武天皇が、都を此の地に遷《うつ》し給しも、蓋《けだ》し以謂《いわれ》ある哉《かな》。

京都は古《いにしえ》より、花の都と称へられ、祇園や島原の遊廓あり、嵐山の花見、鴨川の夕涼などありて、世間よりは、何となく、怠惰人が閑日月を徒消する保養所の如くに、見做《みな》されましたが、近頃の府民の挙動を見ますれば、必ず遠からず、従前の体面を一変するであらうと信じます、看よ看よ諸君、鴨川の東に於て高き煙筒より黒煙の立ちのぼるは、何の現象ぞ、諸会社の結合、諸銀行の設立あるは、何の原因ぞや。西南には淀川の利あり、京坂鉄道の便あり、東には近江の太湖の水運あり、北に長浜敦賀間鉄道の設けあり、又長浜より進で、名古屋半田に達し、直に汽船に連絡するの便あり、殊に又関西鉄道会社の鉄道布設も甚だ遠きにあらざれば、東海道鉄道と連絡するの日来たらば、どうでしょう、且や亦、吾人が最も注意する所の疏水工事の如き大谷山を打ち抜き、東山を通して、太湖の水を疏通せしむるの日に、なりましたならば、鴨川の東は、巍然《きぜん》たる、大工場、大製造場となるは、吾々の疑を

容《い》れざる所であります、最早《もはや》、府下の紳商諸君が、その資財を活用して、大運動を試みるの時機到来せり、と云て宜しからうと存じます。

諸君よ乞ふ、

花の都を一変して　製造の都と為せ

遊楕の都を一変して　勉強の都大学の都と為せ

願くは旧帝都の地に、民力を以て、一の大学を立てられよ、京都已に其の地理を得たり、是亦天の賜ならずや、吾人地理を占め、又時機を得たり、是亦天の賜ならずや、吾人地理を占め、又時機を得たり、此上要する所ろは、吾人の同心協力なり、吾人若《も》し幸ひに、天の時、地の理、人の和を得ば、天下豈《あに》何事か成らざらん。

往昔、シラキュースの戦《いくさ》に、陣中弓矢の不足を告げたれば、市中の婦女子は、尽《ことごと》く頭髪を切つて弓弦と為したと申します、又魯国《ロシア》の婦女子は、土方となりて砲台を築き、米国のミシガン州に大学を起さんとする企てありしとき、一農夫は己の田地を抵当となして借金し、その大学に寄付したと云ひます。此れは己の子孫が就学の便を得る事を喜ぶのあまり、己を忘れて為したる事と思います。

今を去る事十五年前余が米国を辞し去らんとするとき、一の大会に臨み、告別の演説を為した事がありますが、其時我日本にも、どうかして一大学を建設したしと陳べたれば、聴衆中より起《た》つて一千弗《ドル》寄付の約束を為せしもの三人あり、続いて五百、三百、二百、一百弗等即坐に寄付金の約束を致し呉れ、僅か十分間を出でざる内、五千弗の金額に達しました、是に於て余は深く彼等の好意を謝して別れを告げ、演壇より下らうとするとき、一老農夫が、来りて余に二弗を与えて曰く、此の二弗は予が汽車賃に当つるの用意なり、去れども、予尚健足なれば、徒歩して村に帰らん、乞ふ、この二弗を受けて、大学設立費用の一端に加えよと、又別に一人の老寡婦は、此の大会の終りしあとで、同く二弗を寄付して曰く、此の少金は寡婦が教育上の寸志と思ひ受け呉れよと、嗚呼前者と云ひ、後者と云ひ、余は寔《まこと》に両人の志は、五千弗を寄付したる人に劣る事なしと感喜之《これ》を受けて帰朝致しました。

斯《かく》の如く、今の同志社英学校の設立は、外国人の寄付金に関はりました、今吾人の計画する所の大学は、願くは、本邦人の力を以て立てたきもので、ござります。余は明治十七年以来、この大学の計画を為し初め、先づその基礎を置んには、少なくとも七万円の金を要すべしと申しましたが、爾来《じらい》金利の相違する所ろより、今は少なくとも拾万円以上を要さねばならぬ事に成り来りましたれば、願くは府下の紳士諸彦《しょげん》には、其の拾万円中、幾分かを負担し賜はらば、余は是れより東京、大阪、神戸、滋賀を初め、全天下に訴へ、全国民の力を借りてこの大学を起さんと望みまする。

幸にこの挙を賛成せられたる、理事委員諸君よ、府下の紳士諸君よ、大阪神戸より臨場せられたる来賓諸君よ、此の大学の挙は、区々たる、一個人の事にあらず、又た一地方の仕事にもあらず、又、決して耶蘇《ヤソ》教《きょう》拡張の手段にもあらず。実に我か国民の文化の境遇に進み、最大幸福を得ると、否とに関わる一大事件なり、国の盛衰興亡に関はる一大事件なり、即ち全国民の一大仕事なり。満場の来賓諸君よ、願くは、此の挙を吾が物となして、之を成就せしめ、長く邦家の基礎となし、千、百年の為に計られん事を、嚢の諸君に向ひ、熱望し止まざる所であります。

参考資料2　同志社学生に告ぐ

〔解題。新島襄から私立大学設立をアピールする文章の執筆を託され、草稿資料を渡された徳富蘇峰は「同志社大学設立の旨意」を完成し、一八八八（明治二十一）年十一月七日に全国の有力新聞・雑誌に発表した。その八日後の十一月十五日、母校の同志社チャペルで、大学設立について行った徳富蘇峰の演説。かつて中退した母校同志社英学校に招かれ、同志社大学建学の精神を語った輝かしい凱旋演説である。『国民之友』三五号、明治二十一年十二月七日に掲載された。本稿は、『青年と教育』第七版、民友社、明治二十八年十一月から採録した。〕

同窓諸君各位

余は今諸君の悃望《こんぼう》に依り、諸君の前に立ち、一場の演説を試みんとするに際し、端なく百感交々《こもごも》胸間に湧き出づるを覚ふ、諸君中余が面識の方々とては、十中殆んど一もあらず。然れども諸君が師として仰ぐ所の新島襄先生は、余が亦た曾て師と仰ぐ所の先生なり、諸君を教授するの任に当れる金森、森田、浮田の諸君は皆な余が同学の先進にして、余が平生親信するところの益友なり。諸君を囲繞する天然の光景は、復《ま》た曾《かつ》て余を囲繞したるの光景なり。諸君が暁来窓を掲げて相対する比叡の山も、薄暮手を携へて散歩する御苑の月も、其他鴨堤の翠楊、相国寺の蒼松、皆な是れ歴々余が当時の情況を想起するの材料たらざるはなし。故に余は諸君に対して一面の識なしと雖《いえど》も、其情恰《あたか》も旧知に異ならず。何となれば同志社てふ一の鉄鎖は、諸君と余とを連結して恰《あたか》かも一体となせばなり。唯《た》だ此の同志社同窓の縁浅からざるが為めに、余は今諸君に一言するを辞する能《あた》はず。

然《しか》りと雖も余の如きは、寧ろ同志社の歴史に於て、太古史に属する人民にして、諸君の如きは、同志社の近世史に属する人民なり。余が同志社にありし時は、巍々《ぎぎ》たる赤煉瓦の書籍館あらざりしなり、彰栄館あらざりしなり、此礼拝堂（今演説者か立つ所の）あらざりしなり、其他、世の目を聳やかすもの、一もあらざりし也。而《しか》して今や即ち同志社は、其外形に於ても、屹然として関西私学の雄となれり。余にして突然此所《ここ》に来《きた》る、其情豈《あ》に上古希臘《ギリシャ》ホーマー時代の人民が、今日欧州の大都に出て来りたる如き感なしとせんや。若《も》しホーマー時代の希臘人民が、第十九世紀の欧州人民に対して、演説するの困難なるを知らば、余が諸君に対して演説するの困難なる――同志社野蛮時代の教育を受けたる余が、同志社開化時代の教育を受けつゝある諸君に対して演説するの困難亦《ま》た少《すこし》く察す可きのみ。故に若し諸君にして余が名論卓説を聴かんとするは如きことあらば――余固《もと》より名論卓説を蓄へず――是れ実に余が本懐にあらず。諸君若し其説を吐かしめば、東京より来りたる一の雑誌記者の議論として之を吐かしむ勿れ、唯だ幸に同志社同窓の一生たるもの、議論として、之を吐かしめよ。

一国を導き一国を動かし、一国をして恒《つね》に新鮮ならしめ、健全ならしむるものは、少数者の力なるか、多数者の力なるか、凡そ世に処せんとするもの、知らざる可らざるは、即ち此の問題なり。余竊《ひそか》かに考ふ、進歩と云ひ、活動と云ふ、是れ皆な調子の外れたるを謂《い》ふなり。若し一社会にして、一碧鏡の如く平滑ならしめば、此れ活動なきなり、進歩なきなり。若し社会にして、老僧の念仏の如く抑揚なからしめば、此れ活動なきなり、進歩なきなり。唯だ一碧鏡の如き海、時として「驚濤一片雪山来《きょうとういっぺんせつざんにきたる》」の偉観を現し、喞々《しょくしょく》たる念仏の声、或《ある》は百雷耳を劈《つんざ》くの響きを発することあり、此に於てか進歩来り、活動生ず。此の如く現在の有様に満足せずして、其現在の有様より一歩、二歩、若くは十歩、調子の外れることあり、是に於てか一国社会の活動進歩なるもの生じ来るなり。故に一国社会運動の経済上に於ては、現在の位置に満足せざるもの、調子に外れたるものは、人を動かすものなり。現在の位置に満足し、調子に外れざるものは、人より動かさるゝものなり。然らば即ち多数の人社会を動かすか、少数の人社会を動かすか、言を換へて謂へば、多数の人社会現在の有様より調子に外れたるか、少数の人外れたるか、多数の人満足したるか、少数の人満足せざるか。吾人は断じて少数の人こそ即ち満足せず、少数の人こそ即ち調子に外れ、少数の人こそ即ち一国進歩の原動力たることを疑はず、何となれば一国の調子と云ふものは多数の人の調子なり、一国の満足と云ふものは多数の人の満足なり。一国とは即ち多数の人を云ふものにして、其の多数の人の現在の有様は、即ち一国の現在の有様なり。然らば則ち知る可きのみ、一国を導くものは少数者なり、一国を動かすものは少数者なり。一国をして、新鮮ならしめ健全ならしむるものは少数者なり。苟も此少数者なきときは、一国は忽ち窒息となり、立往生となり、一国は恰も地下に葬りたるポンペー都府の如きものとならん。看よケトーの如き質直剛毅の人ありて、羅馬《ローマ》人民を文弱なり腐敗せりと罵《ののし》りたる時代には、羅馬は未だ文弱の為に亡びず、腐敗の為に亡びざりしにあらずや。唯々一たびケトー怒罵の声寂として聞へず、満都の市民皆な太平を謳歌したるの暁に於ては、世界を併呑したる羅馬の大都は、乍ち北狄蛮兵の鉄蹄に蹂躙せられたるにあらずや。余は曾て英国の名士ボルクが、若《も》しジヨールジ第三世の時代にボルクの名なかりせば、当時の歴史は一読する程の価値なかるべしと語りたるを読み心竊《ひそか》に其負抱の大に過ぎたるを怪しみたりき。然れども退て深く考ふるときには、余は切に自ら任するの宏大なるを感賞せずんはあらず。余は実に思ふ、若し当時の歴史にして、ボルクの名なく、ピットの名なく、フオツクスの名なき時には、英国第十八世紀より第十九世紀に到る過度の歴史は即ち読むに堪へざるべし。蓋《けだ》し当時仏国革命の余波欧州に溢れ、各国の人民は狂奔し、各国の帝王は震慴《しんしょう》するの時に於て、此驚風乱濤の間に於て、英国の社会を経過せしめたるものは、是れ誰れの力ぞや。

聖書は曰く、「招かるゝものは多く、撰ばるゝものは少なし」と、実に然り。撰ばるゝものは実に少なきなり。

然れども其撰ばれたる少数者こそ、即ち一国の精神と云ふべく、元気とも云ふべく、此を切言すれば、即ち一国の良心とも云ふべき人々なりとす。

余は更に一歩を進み、諸君と共に講究する所あらんとす。凡そ此少数者の社会に出で来る、決して偶然にあらず、皆な其時代の必要よりして生ずることを、宗教家をして之を解説せしむれば、天命は即ち此等の少数者を出したりと云はん。社会学者をして之を解説せしめば、社会の理は必ず之を生ぜしめたりと云はん。然れども余は二つながら其の信なるを疑はず。何となれば若し社会の大車輪は、造物者の打算上より運転し来るものとせば、其の社会の車輪を動かすものは、即ち社会を動かすに於て、止むべからざる必要よりして、生じ来るものにして其必要より生じ来るものは、即ち天の冥々なる黙宣を享けて、出で来りたるものと信じ得べければなり。即ち第十九世紀に於て清教徒の生じたるが如き是れのみ。若し試みにマコレーの英国史を繙かば、彼の清教徒は如何なる人物なりしや、如何なる力を有したりしや、如何にして歴史中の難場を経過したりしや、素より余が喋々を要せさるべし。

余は独り此事に止らず、猶近く例を取らんとす、我が維新革命の劈頭に当《あたり》て、吉田松陰の如き人、生じたることと是れなり。余は曾て郷里の故老より聞けり、余が郷里に於て、維新の前に高明多識の名を天下に轟かしたる、横井小楠翁有り、一日吉田松陰、翁を訪ふ、其門弟子竊かに松陰の風采を窺ふに、唯だ是れ一書生のみ、毫《ごう》も敬畏すべき状を見ず。此に於て弟子交々松陰を軽んじ笑ふ、翁語て曰く、「汝等未だ人を知らず、若し松陰氏をして一万石の大名たらしめば、日本六十余州を転覆する人は此人ならん」と。彼の松陰の如きは終に一万石の大名たることを得ざりしなり、所謂一書生のみ、一匹夫のみ、而して其二、三同志の士と業を脩め、子弟を鼓舞し自ら二十一回孟士と呼び、而して猛気を用ゆる僅に三回に止り、「猛気剰尚《もうきあまりてなお》十八回」と叫び、空しく断頭場裏の露と消へしも、其英魂毅魄は、長防二州の人士を鼓舞し、併《あわ》せて天下の有志を鼓舞し、遂に封建社会を転覆したり。思ふに十七世紀の英国に於て、最も必要なる人物は、風流閑雅、酒を飲み、骨牌《カルタ》を闘はし、チヤールス王の馬前に戦ふたる王党にあらず、弊袍短髪白眼にして世上を疾視し、鉄腸にして水火を踏む、清教徒たりしなり。我が維新革命前に最も必要なるは、文弱怯懦《きょうだ》御姫様の如き旗下八万騎にあらず、空拳を以て世と闘はんとする吉田松陰の如き人々なりしなり。而して一国の必要に迫るときは、一国の風雲は必ず此《かく》の如き人を醸生せざるはなし。是れ実に怪むべきに似たれども、社会経済の理、造物者配合の算は、必ず深く怪むべからざるの事実なりとす。

演じて此に至れば、我邦の今日に必要なるは、如何なる人物なるか、語を換へて云へば、上帝は如何なる人物を出して我邦を導き、我邦を進め、我邦を動し、我邦をして新鮮ならしめ健全ならしめんと欲するか敢て諸君に問はざるを得ず、敢て諸君に答へざるを得ず。

余は此問に答ふるに先だち、諸君と共に先づ吾人が四囲を顧みるを要す。概して之を論ずれば、今日は我邦開闢以来の歴史に於て、最高潮の時期に遭遇するものと謂はざるべからず。浮ぶも、沈むも、生きるも、死ぬるも、存するも、亡ぶるも、我邦の運命は今後五十年間によりて、決定するものと謂はざるべからず。今や我邦は大なる試験の時期にあり。我国民は恰も剃刀の刃の如き所を渡り居れり、一歩を履《ふ》み外せば、再び登ること能はざる千丈の谷底に堕落するものなり。一人一己堕落するにあらず、国家と共に堕落するものなり。余は此事に就き多言せず、思ふに諸君を囲繞する社会の情況は、諸君をして、此の事を自覚せしむるに余りある可し。

余は恒に之を云へり、然れども今又た諸君の為めに之を繰り返さゞるべからず。我邦の今日に於ては、破壊的の時代は既に経過し去れり、今日は実に建設的の時代なり。凡そ今日の時勢に際して国家を導かんとするものは、手を以て導くに止まらず、心を以て導かざるべからず。我邦存するも、亡ぶるも、生きるも、死ぬるも、浮ぶも、沈むも、我国民の心にあり、殊に我国民を導き、国民を動かす、少数人士の心にあり。而して此心を有する少数の人士は、抑も何《いず》れの所より出で来るとせんか。余は敢て之を諸君に問はざるを得ず、敢て諸君の答を促がさるゝを得ず。

余は物質的の文明を軽視するものにあらず、諸君にして若し余が生産的の発達を主張する――熱心に之を主張する一人なるを知らば、余が実に物質的の文明の価値を知るものたることを疑はざるべし。余は実に之を知る、然れども精神的の文明の更に之より大なる価値あるを知るものなり。生産の発達は、一国人民に大なる幸福を与ふるものなり。然れども生産の発達は時としては一国の人民をして、世俗的のものとならしめ、貪欲、文弱、腐敗の渦中に堕落せしむるを信ずるなり。富の力は或はヒマラヤ山を夷《たいら》げて、平地となすことを得べく、太平洋を埋めて大陸となすことを得べし。然れども一国をして新鮮に、健全に、活力あり、生命あるものとならしむること能はず。而して一国をして斯くならしむるは、即ち精神的の文明に存するものなり。故に余は物質的の文明の我邦に必要なるを感ずると同時に、精神的の文明の更に我邦に必要なるを感ずるものなり。余は我邦をして今日の試験場を無事に経過せしめ、我が国民をして此剃刀の刃を堂々と渡り遂げしむるには、烟筒より吐き出す煤烟にあらず、銀行の庫に積み置く弗筐《ドルばこ》にあらず、港湾に林立する帆檣にあらず、実に一国人民の心――深く刻み、厚く彫り、決して磨滅すべからざる力、自ら信ずる力、真理を愛し、人を愛し、上帝を愛し、明日の事を思ふなかれ、今日楽めば今日は足るとか云ふが如きものにあらず、即ち其精神は無極を時とし、宇宙を家とする所の精神に存することを疑わず。而して唯だ此の如き精神に依て初て我邦の今日を導く可しと信ず。而して此の如き人何れの所にあるか。余は敢て諸君に問はざるを得ず、諸君と共に之に答へざるを得ず。

余は断言す、此の如き人を養成せんとするは、我新島先生が二十年来の宿志なるを。余は豈尽く先生の精神を窺ひ知ると謂はんや、然れども余が窺ひ知る所を以て之を謂へば、実に先生が同志社を設立せられたる所以、余輩を教育したる所以、諸君を教育する所以、同志社大学を設立せんとする所以、其経営と、苦心と、血涙と、大病とを犠牲として、尚ほ汲々止まざる所のものは、即ち之に外ならざるを信ず。先生の自ら世に立つ此の如し。而して其己れの信ずる所を以て世に及ぼさんとするの精神、亦此の如きのみ。

今日に於て此の如き人を同志社より生ぜんこと、独り新島先生之を望むのみならず、天下の人皆な之れを望むなり。基督教の主義の人之を望むのみならず、基督教の主義に反対する人も亦之を望むなり。去ればこそ先生が一たび同志社大学設立の素志を、天下に公示するや、我邦の重《お》もなる政治家、重もなる新聞記者、豪商、学者、總て我邦に於て心あるものは、皆な双手と一心を挙げて、之を翼賛せざるはなし。余輩をして先生の挙に賛成するに止らしめば、人或は其好む所に阿《おもね》ると謂はん、然れども今日に於て之を賛成するは、独り余輩のみに非ざるなり。昔し司馬仲達は孔明の陣営の跡を見、思はず口を衝て嗟呼天下の奇才なりと叫べり。今日先生が「同志社大学設立の旨意」を聴くや、其反対者亦た端《はし》なく先生の熱心と、誠実と、企図の純潔、切要、偉大なるに感激せり。演じて此に至れば、我が同志社の諸君は――余が前に列座したる諸君は、実に全国よりの希望を以て囲繞せらるゝものと云ふべし。古人の諺に「双肩に蒼穹を荷ふ」と云へり、諸君の双肩に荷ふ所の希望は、蒼穹尚ほ大なりとするに足らざるなり。

吾人は果して新島先生の志を翼賛して、此の大なる希望――此の大なる負債を償却し得べきか。我が同志社――我が聴衆諸君は、果してこの希望を満足せしめ得べきか。声聞実に過ぐ君子之を耻《は》づ、今や同志社の名は殆んど天下を動かせり、若し其実にして之に応ずる所なくば吾人は諸君と共に又た天下の人士に対するの面皮を有せざるなり。敢て問ふ、諸君は果して其声聞に応ずる実を有するや。又た有するの覚悟あるや。

余同志社に於て、書籍館の如く、彰栄館の如き宏大なる建築あるを栄なりとす、然れども此の如き建築は何れの所にも之を見るを得べし。金銭を以て之を購ふを得べし。是れあるが為に、即ち同志社の独自一己なるもの存すと云ふべからず。然らば同志社の独自一己とは如何なるものを云ふか、所謂招かるゝものとならずして、撰ばるゝものとなり、導かるゝものとならずして、導くものとなり、一国の調子に合ふたる平々凡々のものとならずして、一国の調子に外れたるた卓犖《たくらく》のものとなり、其学は深きにせよ、浅きにせよ、其力は大にせよ、小にせよ、其才は多きにせよ、少なきにせよ、凡そ同志社の門戸に立ちたるものは、其出るや皆改革家の志操を抱負して出で来らんこと是れのみ。

同志社現今物質上の進歩は、之を余が曾て同志社に在りし時に比すれば、唯だ驚く計りに進歩したり。然れども此進歩あるが為に、余を満足せしめ、諸君を満足せしめ得べき者にあらず、余は同志社学生の今日の如く増加したるの悦《よろこ》ぶ。然れども余が更に悦ばんと欲する所――其実行を見て悦ばんと欲する所の者は、同志社に来る学生にあらずして、同志社を出づる学生の増加是れなり。同志社を出づる学生にあらずして、同志社の精神を以て同志社を出づる学生の増加せんこと是れなり。同志社の中に於て同志社の勢力増加するは一国の命運上大なる関係なきなり。夫れ唯だ大なる関係あるものは同志社の外に於て、同志社の勢力増加すること是なり。諸君が世に打ち勝つの精神を以て、同志社より出て、社会の各部に注入する時に於ては、恰も海浜の砂礫中に金塊の混ずるが如く、金塊少なしと雖も、到る所燦然たる光を放ち以て一国を導くの少数者たるを得ん、此に至て始めて同志社も、亦た我が日本の命運に、大関係を与ふるものと謂ふべき也。

余曾て米国南北戦争の歴史を読み、大に感ずる所あり、試みに見よ、彼北部の将軍、グランド、ショルマン、セリダンの如き、又た南部に於て第一の兵法家たるリーの如き、凡そ南北戦争に於て赫々たる武勲を輝かしたる者は、其戦争の破裂する前に於ては或は革商となり、或は農夫となり、或は種々の事業に従事したるに拘らず、其出身を尋ぬれば、皆な「ウエスト・ポイント」の兵学校の卒業生ならざるはなし。唯だ一の「ウエスト・ポイント」の兵学校は、南北戦争の時には両軍の勇将、良将、智将、名将を出したり。若し其れ我邦に於て、一旦社会に大なる事件現し来る時に於ては、正を蹈《ふみ》て懼《おそ》るゝことなく、我が国家を驚風乱濤の中に擁護して、其針路を誤まらざらしむるものは、即ち我が同志社の諸君たらんことを祈らざるを得ず。素より余は一国の危機生じ来るを祈らされども、若し不幸にして其来ることありとせば、此時に於て排紛《はいふん》の業に衝《あた》る者は、我が新島先生の薫陶を受け、新島先生の精神を分配されたる、第二の新島先生とも謂ふべき、諸君の中より出で来らんことを祈らざるを得ず。果して此の如くなれば、亦た以て聊《いささ》か我が同志社の創業者たる先生の志に酬《むく》ひ、亦た以て天下の望みに対《こた》ふる所あるべきなり。

昔は予言者イザヤ曰く、「如何に汝ぢイスラエルの人民は海中の沙《すな》の如く多きも、其帰るを得るものは唯だ其残余に過ぎざるべし」と。今や天下の書生滔々と海中の砂の如し。而して此の書生中に在て、種々の誘惑に打ち勝ち、種々の疑憚《ぎたん》に打ち勝ち、種々の欲情に打ち勝ち、自ら進み、世を進め、自ら動き、世を動かし、自ら導き、世を導くの人たるものは、果して誰かある、嗚呼果して誰かある。思ふに諸君が自ら任ずる所如何《いかん》。新島先生は之を見る能はざるべし、然れども我邦の歴史は必ず眼を撥《ひら》いて之を見るべし。思ふに諸君が自ら任ずる所如何。

III

同志社史研究余滴

新資料　徳富蘇峰・元良勇次郎往復書簡類（三通）

《資料　一》

(1) 東京麻布新堀町学農社届キ　杉田勇次郎（元良勇次郎）宛　ハガキ
(2) 西京同志社　徳富猪一郎
(3) 明治十二年九月四日
(4) ペン書き
(5) 徳富蘇峰記念塩崎財団蔵

其之後ハ御音問モ不仕候処、益御壮健ニ候哉　生モ無事、去月廿八日西京着、船中無異御安心可被下候　御教示ニ任セ当年ヨリ当地ニ住リ弥勉励可仕候、当校ハ段々人数モヘリ　実ニ勉励ニ佳適ナル可ク、サレハ可成心志ヲ鋭ニシ、身体ヲ壮健ニ以テ後来之事ニ用ヒ可申候、愛兄モ亦此之意ヲ了シ給へ。御当地如何候哉、固ヨリ御当地之事情ヲ聞ク、以テ肝要トセサルニ非サルモ、第一望マシキハ愛兄ノ近況ヲ聞クニアリ、弟モ当地ニテハ交遊ニ乏シク、大久保〔真次郎〕、辻〔家永豊吉〕輩ハ未タ柳河辺ニアリ、其之他今迄ノ交友ハ大概不在、時ニ書状ヲ送リ生カ心ヲ慰シ給へ、是レ第一生カ希望ニ堪ヘサル処ロナリ。将愛兄可成有志之人ニ御附合、願クハ心志ヲ磨錬シ、以テ他日ノ用ニ立給ヘ。居ラサレハ仕方モ無シ。若シ有志ノ人カ近辺ニアラハ寧ロ謙遜シテ其人ニ交ル事肝要ナリ。シカシ生ハ未タ御当地ニ参ラス、万事想像而已、幸ニ察セヨ、願クハ学業ヲ勉強シ一大学術者トナリ、以テ生輩カ望ニ叛ク勿レ、時下気候不順、幸ニ自愛セヨ、自愛セヨ

九月四日　発ス　頓首申候

《資料　二》

(1) 徳富猪一郎宛
(2) 東京　杉田勇次郎（元良勇次郎）
(3) 明治十二年十二月十三日
(4) 英文ペン書き、欠損部分あり
(5) 徳富蘇峰記念塩崎財団蔵

Tokio. Dec 13th, 1879.

Dear Tokudomi.

I have neglected for long time to write to you not becouse [sic] I have forgot you, but many works and my dislikness [sic] to write, though not good habit, prevent me from writing to you [an] d all other brothers in that school. Now having got [the] opportunity for writing to you I will try to tell you [about] my thoughts which I have since I came here last [sprin] g; my object for studing [sic] during whole my life, was not change at all, but the means by which I am tring [sic] to accomplish my object namely to search Gods work, in the other words, to find the truth, was little change. Since [I cam] e here I have tried to know how I could be accomp [lished] my object and find, at least I believe, that mathe [mat] ics is the foundation of almost all sciences and natu [ral] phirosophy [sic] is the first step of knowledge; So I have deter [m] ind to sacrifice whole my life to the study of those Sciences and, perhaps, I will enter Tokei daigaku rigakubu in nexst [sic] year; now I am seeking the way for that purpose; I believe 〝where there is a will, there is a way〟. We must not satisfy with earthly and perishable work, but we must have greatest hope in the presence of God, and we must have one great object for our study, which is not greatest only in Japan but greatest in the world; that famouse [sic] Napoleon had have great earnestness to conquer over European continent and to make himself King over it. Now let us think for what purpose did he use all his ingenuiouse [sic] talent ? nothing, but for his own glory; we must not imitate to his selfish ambition, while we must have earnestness like Napoleon, Alexander, the great, had have ambition to conquer overe [sic] all world, So we must have great earnestness to conquer ove [sic]

all spiritual and intellectual world. We must not imitate our conduct with Napoleon, Alexander, the great; and Voltaire, great French writer: but we must have spirit like sir Isace Newton o [r] George Washington. To read biography of many gr [eat] men is best helper, at last to me, for exciting our ambition. I want advice to you that when yo [u gra] duate that school, you will come here and enter [To] kei daigaku, it is best way, I think, for you. You will graduate Doshisha nexst [sic] summer, I suppose, you may enter Tokei daigaku august [sic] of same year, I will enter also nexst [sic] august [sic], that is, same time [as] your entering. How happy it is that we study toget [her] there! I want to call Mr Tuji also. I will wait [for] your letter.

Your affectionate brother.

Y. Sugita

already [sic] I have writtened [sic] some part of this letter before Mr Neeshima started from here, Expecting to send by him; but I could not finish it untill [sic] now.

《資料　三》

(1) 〔熊〕本県下熊本　川向新屋敷　徳富猪一郎宛
(2) 東京銀座○○　六番地　元良勇次郎
(3) 明治十五年四月十一日
(4) 朱のインク（筆書き）、後半欠損
(5) 徳富蘇峰記念塩崎財団蔵

時下春暖相催し候處愛兄

益々御盛御免《ママ》励之程欣喜之
至リニ奉存候且ツ学校御設
立ノ由今人心ヲシテ丈夫ナル土臺
ヲ置クニハ實ニ上策ト存シ候
願クハ愛兄御盡力アラレン
コトヲ篇ニ希望致シ候
小生義当時彼ノ英学校ニテ
日々教授致し居候へ共思慮
之向フ所ハ眞理ヲ求ムルノ一点ニ
有リ之ヲナスニハ哲学、数理、物理
ヲ土臺トシ確乎タルノ新学法
ヲ企テント存居候是心志日ニ重リ
月ニ増重し或ハ其功ㇾ成ヲ思
フテ喜ビ或ハ「ミインス」ノ不足ヲ思
フテ歎キ種々考ヘヲ回ラシ勉学
致シ居候小弟ノ新法ハ世界
中ニ一種無類ノ哲学ニテ小弟
是ヲ名ツケテ Philosophy of
Consistency 譯シテ整合哲学ト

云フ「デカート」「ベルケリー」「ロック」「ヒューム」
「カント」「ヘゲル」等ノ哲学我心ヲ満
足サセズ然レドモ是等之哲学既
ニ小弟ノ整合哲学ノ為メ豫備ヲ
為シタルモノナリト信ズ。少シク今爰
ニ整合哲学ノ理由ヲ掲ケ小弟ノ
思想ノ眞理ナルコトヲ愛兄ニ知ラシメント
存候　凡テ源《ママ》理ト名ヲ付クレバ極
ク確乎ニシテ且ツ解シ易キモノナリ
例ヘバ数学原理「同シ物ニ一様ナル
物ハ互ニ一様ナリ」ト云幾何ノ原理
ノ如シ然ルニ哲学ノ頂上ト云ハルヽ
「ヘゲル」ノ原理ハ「互ニ反對スルモノハ
皆同一ナリ」抔ノ解シ難キモノニテ
是ヲ解スルニハ餘程豫メ能力ヲ連達《ママ》
サスベキナリ然ルニ小生ノ整合哲学ハ極
解シ易キノ原理ニテ　終ニハ小学校或
ハ中学校ノ生徒ノ課業書ニ致シ
度ト存居候其原理ハ「デカート」ノ原

理ト稍々等シク「我考フ」ト云ハ疑フ
可カラサルナリ何ヲ考フルヤ
今爰ニ二冊ノ書アリ是ヲ見テ
諸テ他ノ考ヘヲ取リ去レバ（即チ我体
モ何モカモ諸テ忘レ唯書物ヲ見
レバ時モ場所モ書籍ノ我ト隔ル
コト盡ク）唯書が有ハトノ心ノ感シ
ノミ是ヲ我心ニ知ル又疑フ可カラズ
等ノコトナリ、是ニ種々器械ヲ用ユ
故ニ一名器械哲学トモ云フ
右等之コトヲ考ヘ欧州之大家
ニ従ツ或ハ学ビ或ハ辯證致シ度
キ念次弟ニ増加シ今ハ堪ヘ兼子《ね》
新島先生ヲ以テ先生ノ知巳ノ
コルデルウード氏ニ（同氏ハヱジンボル
フ大学校ノ教頭ナリ）依頼セラ
レンコトヲ先生ニ頼ミ候其成不成
未ダ相分リ申サズ是非不遠
渡航致シ度存居候

何ゾ光ヲ箱ノ下ニ隠スノ理アラン
ヤ小生ハ全能力ヲ是ニ用ヒ聊
カ世界之開化ニ助ケヲ為さん
ト存ジ身ハ五尺ニ足ラザレド思慮
ハ世界ヲ一呑ニスルノ廣大ナル心ヲ
抱キ大望ヲ以テ日々勉学致
シ居候愛兄ヨ足ラザルヲ助ケ
我喜ビヲ喜ビ情ヲ共ニシ
後来志ヲ得バ同心共力シ
共ニ人民之安寧を計リ（後欠）

〔解説〕

神奈川県二宮の徳富蘇峰記念館にて、明治十年代前半、蘇峰・徳富猪一郎（一八六三―一九五七年）と元良勇次郎（旧姓杉田勇次郎、一八五八―一九一二年）との間に交された音信三通を発見した。それらは青年徳富猪一郎の自己形成期をしのばせるとともに、青雲の志を抱いて立身出世に励む明治の青年の息吹きを伝える資料としても興味深いものがあるので、ここに収録することとした。《資料一》は明治十二年九月四日付で京都の同志社英学校の徳富猪一郎から東京の杉田勇次郎宛の葉書、《資料二》は明治十二年十二月十三日付で杉田から徳富宛の英文書簡、《資料三》は少し時間を置いて明治十五年四月十一日に東京の杉田から熊本に帰郷した猪一郎宛に出された朱インク筆書きによる書簡（後半欠損）である。

内容に関して資料を読んでいただく前提として、ここではその背景説明として二つの事柄を紹介しておきたい。一つは明治十二年頃の同志社の学生社会の情況、もう一つは元良（杉田）勇次郎に典形的に見られる立身出世型苦学生の奮闘ぶりのことである。

第一の点について言えば、当時の同志社生徒の間で、いわゆる徳育派（バイブルクラス）と知育派（同心好社）の二グループが対立拮抗していたことである。もともと八名の生徒とともに一八七五（明治八）年に開校された同志社はのどかな漢学塾のような雰囲気の学校だったという。元良勇次郎はこの第一期生の一人だったという説（『同志社裏面史』）もあれば、そう見ない説（『同志社五十年史』）もあるが、いずれにせよ元良は熊本バンド入来以前の、初期入学生であった。そこにキリスト教で堅く信仰武装した熊本バンドの集団入学があったために、いわば台風なみの勢力によって同志社が転入生に乗っとられるといった情況が発生していた。

ただし熊本バンドでも年少組の方は事情が違う。「熊本団のうち私より年少の一団があった。此一団は神学生ではなく、同志社に入学して勉強するを主としてゐた」（海老名弾正）という[1]。この年少集団の中にいたのが徳富猪一郎、家永豊吉（葉書では辻）、蔵原惟郭《くらはらこれひろ》らであり、彼らの頭には熊本医学校から来た大久保真次郎がいた。この集団と最初の同志社入学生が合流し、バイブルクラス派と対立していたという構図が、《資料一》の背景にある学生事情であった。

ふたたび海老名弾正の回想に聞くことにしよう。「〔元良〕博士のごく親しんでゐた三人の友達がある。そは徳富猪一郎、蔵原惟郭、家永豊吉の三人である。此の三人は校中のあばれ者で誠に始末におへない。……[2]」、「此等の人々は何《いず》れも変り者であって、同志社内でも評判の腕白者であった。何れも晩年に至る迄博士の友人として親交を結んでゐられた。之より考へると博士は此等の友人と青年時代から意気投合する所があったと想像せられるので、博士も亦一種変った点があったと思惟せられる。……私共との交際は当時殆どなかったと言ってよいが、しかし博

士は私共からは常に敬愛せられてゐた年少者であった」と。(3)

この時同志社主流派となったのは海老名弾正、小崎弘道ら熊本組上級生たちで構成されたバイブルクラスであった。徳富猪一郎ら知育派は非主流派であった。その非主流派の有力者大久保真次郎、家永豊吉それに元良勇次郎は、次々と同志社を中退していった。その心細さの中で書かれたのが《資料一》の蘇峰の葉書である。『蘇峰自伝』には「予は何時《いつ》頃よりであった歟《か》、同志社を出て郊外の田中村なる、或る水車の二階を借り、其処に大久保〔真次郎〕、家永〔豊吉〕等と合宿し、同志の者は暇を愉《ぬす》んで其処に集り、恰も其処が同志社に於ける異分子の一の倶楽部となってゐた。……その中《うち》に大久保や、家永や、その他友人共は同志社を去り、東京に赴いたから、田中村の寓居も解散して、予は再び同志社の寄宿舎に帰った。これは明治十二年の夏過であったらうと思ふ」(4)とある。夏休みの帰郷を終えて九月に寄宿舎に帰った時のわびしい心境と自分自身の将来の上京を念頭に入れた情報収集の様子が《資料一》には示されている。この葉書との関連では杉井六郎『徳富蘇峰の研究』第二章「蘇峰におけるキリスト教」および杉井六郎・花立三郎・和田守編『同志社大江義塾徳富蘇峰資料集』七三頁を参照していただきたい。なお葉書の解読にあたっては杉井六郎先生のご教示をいただいた。家永に関しては近年の太田雅夫『家永豊吉と明治憲政史論』新泉社を参照されたい。

さて第二の点、明治期における青年の立身出世熱については、元良勇次郎の同志社時代を紹介することによってその一端を示したいと思う。蘇峰の音信の相手杉田（元良）勇次郎は、同志社を跳躍台として明治十二年に上京し、津田仙の学農社に身を置きながら自活しつつ東京大学に学び、さらに洋行してジョンズ・ホプキンス大学に学び、東京大教授を勤め上げ、わが国実験心理学の草分けとなった人物であった。文字通りの立志伝中の人物である。元良の人となりについては、故元良博士追悼講演会編『元良博士と現代の心理学』に詳しい。典型的な没落士族で、兵庫県三田に生まれた杉田潮・勇次郎の兄弟は、赤貧洗うがごとき中、神戸にて宣教活動をしていたデイヴィスの知遇を得て、創立間もない同志社にたどり着いたのであった（『新島襄全集3』七八五頁に略歴あり）。

勇次郎の猛勉強ぶりは、ライバル集団側の海老名弾正も敬意を表していたように学内で有名であった。蘇峰は「其の非常なる勉強家たりしは、全校第一なりき。記者〔蘇峰を指す〕と同室の折には、概して午前三時頃より灯を点じて、勉強したり……」(5)と記し、その動機づけとして「其の胸中燃るが如き、大有為心と、其の非常なる抱負と」(6)を抱いていたことを見出していた。勉学に駆り立てたものに没落の運命との戦い、貧困からの脱出への願望があったと言えよう。同志社一期生でやはり心理学者として大成した中島力造は書いている、「当時元良君も私も非常に貧乏であって、私は英語の書物を訳して小遣銭を得、元良君はデキス氏に写し物などを頼まれて働いていた」(7)、「その頃元良君は計算器（カルキュレーチング・マシン）の発明に熱中して居られた。それはピアノのやうにキーを押すと、加減乗除の出来る器械であった。併しそれも学費を得るのが目的でその発明によって金を得て洋行する考であった」(8)と。

その元良が一番共鳴した本は『聖書』ではなくスマイルスの『自助論』であったという。中島力造はまた言う「元良君は学校にゐる時には教会に這入ってゐた。併しキリスト教の教義が腑に落ちないとは始終云つてゐた。この事についてはよく二人で、ニューイングランド・セオロジイに降参の出来ないことを話したものである。……其頃に元良君の学課以外に精神を籠めて読んでゐたのは、スマイルスの自助論とカーペンターのメンタル・フィジオロジイである。殊に元良君の終始一貫せる根気は全く自助論の影響と見て差支へあるまいと思ふ」(9)と。蘇峰もまた「天下にスマイルスの自助論を読みたる者は多し。されど真に之を実行したる博士の如きは幾許がある」(10)とこれを認めている。

元良（杉田）から徳富に宛の二通の書簡には立志の抱負とそのための方策を語り、かつ親友に忠告と情報提供している様子が示されている。〝とくどみ〟君に東京《とうけい》大学への進路がベストであることを勧め、ナポレオン、アレキサンダー大王、ニュートン、ワシントン、ヴォルテールといった偉人の名前を引照しながら自分の将来像を描くところなどは、明治前半期のほほえましいまでの元気さと若さと野心のほとばしりを伝えている。

元良がキリスト教になじめなかった一因は、多分にその理系の科学主義的思考のためではないかと思われるが、しかし《資料二》を見る限り、同志社教育、特に新島襄の影響が見られることは、ゴッドやワールドを語る文言が残り、自己の野望のためではなく「精神的、知性的世界」のための仕事をすべきことを堂々と語っていることにも伺われる。《資料三》においても「思慮之向フ所ハ真理ヲ求ムルノ一点」にあると書くところなど、明治期の一般書生とは一味違う価値観が養生されていたことが示されている。

この書簡でも、「デカート」、「ベルケリー」、「ロック」、「ヒューム」、「カント」、「ヘゲル」を超える「小弟ノ整合哲学」を打ち建てたと胸をはること、しかもそれを小中学校の課業書として販売することを目論むところに苦学生の一端をのぞかせている。最後には洋行の大志を伝え「小生ハ全能力ヲ用ヒ聊《いささ》カ世界之開化ニ助ケヲ為さん」と語る。このようにこの書簡は明治の書生の立志熱を伝える資料としても興味深いものがある。

注

(1) 故元良博士追悼講演会編『元良博士と現代の心理学』(以下『追悼集』と略)弘道館、大正二年、一二九頁。
(2) 『哲学雑誌』三二一号、大正二年一月十日、一二三頁。
(3) 『追悼集』一二九頁。
(4) 『蘇峰自伝』中央公論社、昭和十年、一一四頁。
(5) 『追悼集』四三七頁。
(6) 同、四三八頁。
(7) 同、一二四頁。
(8) 同、一二六頁。

（9）『哲学雑誌』三一一号、一一三頁。
（10）『追悼集』四三八頁。

［付記］　この資料の収録は、徳富蘇峰記念館の高野静子さんのお世話に負うものである。謝意とともにここに記す。

新島襄を精読できる時代

ご紹介にあずかりました伊藤彌彦でございます。持ち時間は三〇分ですが、そのうちの二〇分はデジタル映像の紹介中心に見ていただく予定にしております。タイトルに掲げたのが「新島襄を精読できる時代」です。こういうタイトルにしたことの背景には、長く「精読しにくかった時代」があったからに他なりません。つまり資料閲覧上の制約と校祖神聖化の空気が、学問としての新島研究の障害となっていたことは否めません。それが近年なぜ精読できるようになったかと言えば、新島関係資料の公開が飛躍的に進んできたからであります。特に同志社創立百周年記念事業として『新島襄全集』の刊行開始が大きな意味をもっています。これを契機に、私どもも同志社大学人文科学研究所第二研究班のプロジェクトとしてまず「新島襄の総合的研究」、次に「新島襄の学際的研究」（各三年）を立ち上げ、六年がかりで『新島襄全集』を読んできました。その研究会の成果をまとめたものがこの『新島襄全集を読む』という本でございます。それが可能になった裏事情も含めて、今日はお話をいたしたいと思います。

先日、『新島襄全集を読む』の書評会を行いました。その折、評者をお願いした北垣宗治先生から、『新島襄全集』刊行計画にまつわる興味深い裏話を伺うことができました。上野直蔵先生の英断なしには全集の刊行は不可能だったろうというのです。北垣先生はこの全集の編集委員の一人です。全集刊行をめぐっての難題は森中章光先生のことでした。新島襄の資料収集は何と言っても森中章光先生が長年、手弁当で尽力された個人的努力のお陰です。

その熱意があってこそ今日遺品庫にはあれだけの資料が蓄積されたわけでありましょう。一度も同志社の正規社員の待遇を受けなかった森中先生のご尽力を同志社は決して忘れてはならないと思います。したがって、資料収集への貢献度を考えれば、『新島襄全集』の刊行に際して、森中先生も『新島襄全集』編集に参加されて不自然ではないわけです。しかし森中先生のお仕事には、強く新島襄に心酔し神聖な新島襄を高く顕彰するという姿勢が一貫しておりました。もし『新島襄全集』刊行事業に関われば、客観的に見まして、森中先生の描いておられる新島像イメージを強く出そうとなされ、編集作業がむずかしいものになる、場合によっては刊行が困難になることが現実味のある心配でした。そこである段階で上野総長は、森中先生を『新島襄全集』編集事業から外すという決断をされた（後々森中先生は強い怒りを上野先生にもっておられたそうです）。時の総長上野直蔵先生の非常な決断があって初めて、こういう資料客観主義に基づく『新島襄全集』ができ上がったというお話でありました。

また上野総長は職員から河野仁昭さんを社史資料室長にすえ、その下で『新島襄全集』編集の事務作業をフル機能させた。北垣先生はこれを《河野マシーン》と表現されます。河野室長の下で、実質的な編集作業をするマシーンが動き始めたことが大変大きかったわけです。また編集方針としては、杉井六郎先生を中心にして、厳密な（人によっては余りにも厳密なと形容するほどの）「原文主義」の原則が採用されました。『新島襄全集』には資料を厳格に再現する徹底した方針が反映されています。一見読みにくいかもしれませんが、原文主義でありまして、ほとんど写真版に近いような形で活字の上で復元する。一回書いて消した字も両方が読めるような形で記号を使って書かれている。そういう形ででき上がった『新島襄全集』でありますので、研究者としてはとても有り難いのです。ただ、通読しようとすると大変読みにくいという声も出ております。『新島襄全集』の英文タイトルは *The Complete Works of Josepf Hardy Neesima* となっております。しかし収録物から見ると実は青年新島のノート類など未収物も少なくなく、その点では不完全です。このコンプリートには、客観的厳密な原文復元主義の意味が込められており、そこが森中先生中心に刊行されたそれ以前の出版物（例えば後述する岩波文庫『新島襄書簡集』）などの不完全性とは一線を画した資料であるという意味が含まれております。

上野直蔵総長時代の同志社創立百周年記念事業として、『同志社百年史』（全四巻、資料編二巻、通史編二巻、同朋舎出版、一九七九年）（これも大変よくできているものです）と『新島襄全集』（全一〇巻、同朋舎出版、一九八三―一九九六年）がありますが、その前後に、編集作業の副産物がいろいろとできて資料が整ってきております。新島研究に限定したそれらのリストは『現代語で読む新島襄』に詳しく載っておりますが、それ以外の資料集についても、ここに書き出しておきました。まだ漏れているものがあるかもしれません。

『新島先生遺品庫収蔵目録　上』（同志社社史資料編集所、一九七七年）
『新島先生遺品庫収蔵目録　下』（同志社社史資料編集所、一九八〇年）

この目録があることが後々の研究やデジタル化に大変役立っております。

同志社社史資料室の機関誌『同志社談叢』の刊行が一九八〇年から始まり、現在も続いております。この雑誌にはその年に新しく発見された新島関係資料とか最新の研究を載せております。地味なものですが、見ていただきますと研究動向が分かるかと思います。同誌の題字は上野直蔵先生の朴訥な書体で『同志社談叢』と書かれていますが、なぜ河野さんが上野先生の字をもってしたのか不思議に思っていましたが、北垣先生のお話で初めて納得できました。百年記念事業として『新島襄全集』をつくるという大決断をされたことを忘れないでおこうという意図を込めて上野先生の字が載っているということが分かります。

河野さんは同志社社史資料室長として精力的にいろいろな資料の活字化にも取り組みました。気が付いたものを挙げてみます。

D・W・ラーネッド著／河野仁昭編『回想録』（学校法人同志社、一九八三年）
同志社社史資料室編『池袋清風日記　明治17年　上・下』（一九八五年）
同志社社史資料室編『創設期の同志社――卒業生たちの回想録』（一九八六年）
これは大変面白い初期の学生の回想録をまとめたものです。資料としても貴重です。
同志社社史資料室編『追悼集――同志社人物誌』1～8（一九八八―一九九四年）
同志社関連の人々の追悼録や新聞記事をまとめたもの。これが七巻と索引集で全八巻出ています。
同志社社史資料室編『山本覚馬・新島八重兄妹の生涯』（一九九二年）

こういう資料が河野さんの下で出来てきた。これは特筆すべきことだと思っております。

この上に立って新しい新島解釈も可能になりました。こうして百年史等を編集する過程で科学的、客観的な新島研究をする人々が出てきました。また新しい研究世代も登場して新島研究が新段階に入ったかと思います。この経緯は『新島襄全集を読む』第一章に本井先生が詳しく「新島学の研究と動向」――「新島学」への道――として紹介しておりますので、そこをお読みいただければと思います。本井先生の言葉を使って一言で表すと、新島襄「顕彰」の時代から、「検証」の時代へという変化であったと言えます。

学問としての新島研究が進む時代になったと思いますが、それに対して私は三つの指針を考えてみました。

一番目は研究は多種多様でなければならない。優れた解釈があって、それが正統的な解釈だと言われたとしても、それはある時代に、ある人から見て一つの正統な解釈であって、他の時代に、他の人から見れば、また別な見方もあるかもしれない。いかに優れていても多面的な見方の豊かさの可能性を否定してはいけないだろうと思います。研究は多種多様でなければならない。もし一種類の研究しか存在しないとすれば、それは学問でなく教理《ドグマ》である。

二番目に、研究は理性的でなければならない。理性で検証ができることが必要だと思います。三番目に、研究は否定されうるものでなければならない。どんな優れた研究でも乗り越えられることを予定して、その可能性を読者に示して引用した資料を明示する必要があろうと思っております。

全集がどれだけ画期的かということを、一例として『新島襄全集』と岩波文庫『新島襄書簡集』と対比した別紙をご覧ください（本書一三八頁以下参照）。岩波文庫は最近も帯に「本書はその人と思想を知る根本資料である」と銘打ち再刊されました。この種の格調高い宣伝文と岩波の権威によって世間は、皆そう思うだろうと思うんですが、私どもはこの書簡集に不満をもっておりまして、できれば出さないでいただきたいと前々から思っており、そう出版社にも伝えていたはずなのですが、努力不足で、また出てしまいました。

この岩波版を中心になって編集したのが森中先生であったわけです。この中には森中先生独特の編集の仕方があります。たとえばお配りした『新島襄全集3』一八六七年十二月二十四日付新島双六宛の書簡です。その中の以下の部分が全く注なしに割愛されてます。

「六　一切妓を擁せぬ〔様〕いたし度候、癰毒《ようどく》ひとたひみに染り候得ば、其身生涯の害のみならす、子孫へ伝り候故、宜し〔く〕敬而之を避へし、若し哲〔双六〕の朋友中に哲を花柳間に誘ハんとする輩あらば、宜断交すへし」。

「女遊びは絶対にするな。癰毒、梅毒になることもあるからこういうことはしてはならない」と弟に忠告の手紙を書いている。神聖な新島先生には女色に関する話題などあってはならないと考えたのでしょうか、岩波文庫のところでは、「六」がすっぽり抜けている。まったくなかったように書かれています。以下番号だけ一つ繰り上げられているのです。次の「七」の文章が「六」とされてしまっている。下の段に全集の引用を置きましたが、その「八」が、上の段の岩波版では「七」と書かれていて、番号をずらして埋めていますから、ここで文章を抜いたということも分からないわけですね。そういう形でできております。これは森中先生の一つの判断であろうと思いますが、資料に対して忠実でない。こういうことをするのは、ある意味で資料に傲慢な扱いをしているのではないかと思います。『新島襄書簡集』を読む時は、ぜひとも『新島襄全集』で読んでいただきたい。これが一例でございます。こういう形で客観的な研究が可能になった時代であります。

一昨年（二〇〇〇年）は創立一二五周年でありましたが、それを記念しまして二つの新島関係事業がを行われました。一つは『現代語で読む新島襄』という現代語訳を出したこと。もう一つは遺品庫にある資料をインターネットの画像で取り込んでweb版として、世界中からアクセスできるようにしました。今の時代マイクロフィルムよりも一層のことデジタル化しては、ということで一億を超える費用（外部の補助金付き）で、かなり膨大なお金がかかったのですが、それが実現しました。今や、インターネット検索をしますと世界中から新島の原資料を呼び出せます。それが見えるようになっております。それによってどんなことが可能になるか、これからはしばらく画像とともに、ご紹介したいと思います。〔画像省略〕

インターネットのアドレス欄に《新島遺品庫》あるいは《http:joseph.doshisha.ac.jp/ihinko/》と入力すると、新島襄関係の原資を画像で見ることができます。

『新島襄全集』に未収録の資料も、デジタル画像を使いますと見ることができます。『新島襄全集』には収録されていない資料があるわけです。未収録ものが画像に写っています。たとえば幕末の時に勉強したノート類が全然収録されていないのです。この画面は、ｘｙの方程式を解いているノートです。設題が古風で時代を感じさせます。「ある人二〇斤の干しぶどうと二四斤の梅の実を合わせて四五ストールで買う。また他の人が二四斤の干しぶどうと三〇斤の梅の実を合わせて五五ストールで買った。各々一斤あたりの値段はいくらか」。こういう設問で「干しぶどうをｘ、梅をｙ」に置いて、幕末にすでに解いている。今の中学生の数学のことをやっている一例です。数学が得意だったようで、こういうのもございます。サイン、コサインを使って球面体の計算している。航海技術に必要な球面三角法で解いているのだろうと思います。こういう高等数学の勉強をすでに幕末にしている。

新島は大変絵が上手で日記に絵を描き込みながら書いております。それが見られるのも画像資料の強みです。二度目のヨーロッパに行った時の日記に、こんな絵があります。果物の選別をしているところで、機械的に大きさを分けている。その情報を絵画で詳しく描いています。家畜小屋の上で夜を明かしたところを描いています。一八八四年「納屋の上に寝る」。この時、「睡眠薬を使って寝た」と書いています。「家畜小屋の下では六匹ほどの山羊がいて、それに皆、ベルがついているので大変うるさい。ベルの中で過ごしたのは初めての経験である」と絵で説明している状況も出てまいります。

次の画面は函館紀行の問題の箇所です。快風丸が南部鍬ケ崎港「岩手県宮古市」に着いた時の記録で、「そこは多くの遊女たちがいて、船員を惑わせている」とあり、その後の手帳の四分の一ほどが、鋏か鋭利な剃刀のようなものでスパッと切り取られている様子が画面で分かります。長い間同志社ではこの種の資料に近づける人は限られていました。いつからこの状態なのか、誰が切ったのか分かりません。もし新島本人の行為なら自分の著作を切る権利はあると思いますが、後代の人が新島イメージを神聖化する目的でそのような処置をしたとすれば、資料に対する冒瀆であろうし、新島先生に対する冒瀆でありましょう。しかし真相は謎です。この他にも『新島襄全集』を見ていますと、書簡が非常に不自然にしか残っていないものがかなりあります。たとえば新島八重宛の書簡は前も切られ、後ろも切られ、真ん中の一部分しか残っていない書簡が出てきます。かなり人為的に手が加えられて残っております。まだ残っていればいいのですが、全部が残ってない場合は、存在の事実そのものも分からないという可能性もあると思っております。

次の画面は『修身学』というウィリアムズ・カレッジ学長のマーク・ホプキンスが十九世紀に行った講話の翻訳

です。それを一冊の本にまとめて『*The Law of Love, Love as a Law*』を出版しましたが、同志社ではその一部を翻訳して、聖書の代わりに修身の教科書として使ったのです。その中に新島の書き込みがいっぱいあります。この書き込みが大事なので、第二巻の中に収録されています。欄外の上にあるものが書き込みです。『新島襄全集』で見ますと、本文と書き込みが同じ活字で入っていて分かりにくいのですが、デジタル画面で見ますと欄外にあることでよく分かります。面白いと思ったのは「人類の権利」について書いているところ。「何人にしても他の干渉を受けず、一人その目的を達するの意思にあるとせば、天地に他に此れに干渉するの権を有する者なし」。権利に対して他人からの干渉を認めないのだということをポプキンスは言っていますが、それに対して非常に長い注を欄外に書いています。しかしこの中で、新島はいくつかの例外を認めている。「権利というのは神が人間に必要なものを支配するために与えたものだから、それ以外に濫用してはいけないのだ」。ある種の制限を設けまして、その制限を政府の権力に対してもあてはめているのであります。「一個人の行うはこれを奴隷視するものと言うべく、政府もしこれを行うは、暴政政府と称すべし」。個人が権利を濫用する時は他人を奴隷扱いすることになってしまう。政府が権利の濫用を行うと暴政政府と称すべしと。政治権力に対しても歯止めをかける言葉として使う。こういうところに新島の意外な権利意識を読み取ることができると思ったりしました。また十九世紀アメリカの学科目「道徳科学」が単なる倫理学でなく公民や政治学を含んでいたことも分かります。

次は京都府知事の北垣国道宛の書簡の草稿です。細心の注意を払って、朱を入れて書いている状態が分かると思います。この手紙は徴兵猶予をめぐる問題に関連した手紙です。新島襄が学校事業家としてなめた苦労ぶりが窺えます。当時、明治政府は民権運動を抑えるために二つのことを行いました。出版を規制するために「政治出版をする者に保証金を積ませる」。多くの出版社が保証金を積めなくて廃業しております。もう一つ民権私塾や学校を取締まるために「私立学校には徴兵猶予の特権をなくす」という方法で迫ったわけです。同志社の生徒たちもこの特権がなくなると困るので、多くが退学していった。それを何とか回復しようと、準備した時の手紙です。大変な苦心の跡が見えると思います。デジタル画面だとまざまざと見ることができると思います。書き込みが、ずいぶんなされています。

続いて徳富猪一郎兄《けい》、蘇峰宛の書簡です。この中に漫画が書いてあります。当時、長老派の教会、プレスビテリアンの教会とコングリゲーショナル派、組合教会の合併問題が起きております。多くの人が合併に賛成しましたが、新島襄は断固合併に反対してついにそれを貫くことに成功したわけです。その時、徳富蘇峰を腹心として合併反対運動を行っている。蘇峰に宛てた書簡の中に英語と漢文交じりの漫画を描いています。小さい活字で今まで分からなかったのですが、これを見ると大変面白いことが分かってきました。片方に檻を開けて待ち構えている、これが合併賛成の人です。彼はこういう風に言っている。He says you are all welcome to here, come in without a least hesitation. You will be happy and free all in this case.「躊躇なく檻の中に来なさい。この檻の中であなたは自由であり幸福である」。檻に入っていても自由であり幸福であるという甘い言葉で招いている。However it is intention to lock up to case, after all get into it.「皆が入った後で檻を閉ざしてしまうのが彼の意図なのである」と解説しています。そして He has a key in his hand.「彼は鍵を手にもっている。」鍵を閉められて不自由になってしまうぞ。合併したら不自由になるんだと言っているわけです。

下の方で紳士が跨った動物を引っ張っている人がいます。「案内者、頼むよ、しっかりしろよ」と早く引っ張り込むように案内者に言う。これは誰を指しているのか。熊本バンドの一部かなと思ったりするのですが。案内者の言葉は、Dear Sir, I have deep sleeping gentleman and his tiger together.「私はこの眠っているジェントルマンと虎を一緒に引っ張ってきました」と言っている。動物が虎でありまして、動物のところに congregational church とあります。暴れ虎で、目のところを目隠しをされている。どこへ連れて行かれるか分からない。目隠しをされた虎がいるが、檻に入ったらおとなしくなるだろうという設定です。教会合同の推進者を皮肉たっぷりに諷刺した絵です。こういう画面を多々読み取ることかできます。

その他いろいろと面白い画面がございます。こういう内容ですので、ぜひインターネットに挑戦してお調べいただいて、いい新島研究の一歩としていただければと思います。

「新島襄論」（『中央公論』明治四十年十一月号）解題

収録した七編の新島襄論は、一世紀ほど前、一九〇七（明治四十）年十一月号の『中央公論』に掲載されていたものである。当時新島襄がどんなイメージで語られ、意識されていたかを示す興味深い記録なので再録することとした。

これを掲載した『中央公論』の生誕については面白い歴史がある。元々これは京都西本願寺の仏教学校の学生が始めた一種の同人雑誌であった。それも、同じ京都に同志社英学校ができてキリスト教界の華々しい活躍が始まったことに刺激されてのことだったという。仏教界の退行腐敗に憤って禁酒を旗じるしにその改善を目指して創刊されたもので、『反省会雑誌』と称していた。今日ならば、同志社大生の活躍ぶりに抗して龍谷大生が発行した雑誌といったところであろうか。

やがて雑誌は発展を見せた。日清戦争後には発行所を東京に移し、明治三十一年一月号からはタイトルを『中央公論』と改題して仏教色を脱し、一般誌となった。日露戦争後、麻田敬之助が編集の主導権を握ると、明治三十六年からは滝田樗陰を編集部に加え、滝田の尽力で企画を一新、販売部数を飛躍させたという（近藤信行論文、『中央公論』一九九六年十二月号臨時増刊、第一三四七号）。明治四十年一月号からは誌面を「主論文」・「説苑」（学芸、雑録）・「創作」の三部構成とする総合雑誌に成長したのである。誌上に谷崎潤一郎や吉野作造らを登場させるのに成功して代表的オピニオン・リーダー誌の地位を築いていった。この「説苑」欄は麻田久敬之介が社長の座を嶋中雄作にゆずる昭和四年まで存続したという（講談社『日本近代文学大事典』五巻）。

明治四十年に新設された「説苑」欄は、数カ月試行錯誤を行った後、五月号において全欄を「故高山樗牛特集」で飾った。これが滝田樗陰の企画した人物論特集の一回目であった。同誌の〝明治故人評論シリーズ〟はここに始まり、樋口一葉（六月）、福沢諭吉（七月）、尾崎紅葉（八月）、正岡子規（九月）、斉藤緑雨（十月）、新島襄（十一月）、大西祝（十二月）と月一人毎の故人特集が続けられた。この企画は当たったようで、明治四十一年に入ると、対象を存命中の有名人に拡大し、以来延々と「説苑」欄を人物論で飾ることとなった。ちなみに明治四十一年には、西園寺公望と大隈重信（一月）、原敬（二月）、夏目漱石（三月）、大石正巳（四月）、田山花袋（五月）、徳富蘇峰（六月）、小杉天外（七月）、後藤新平および「嗚呼国木田独歩」（八月）、小栗風葉（九月）、平田東助（十月）、島崎藤村（十一月）、三宅雪嶺（十二月）と鎌々たる面々が俎上に載っている。

新島襄はこの人物論特集の七番目、教育家としては福沢諭吉に次いで二番目に登場した。この時に掲せられた七編の新島論のうち山路愛山の一編だけは既出論文の再録であるが、あとの六編は『中央公論』のために書き下ろされたものであった。ただし横井時雄と松村介石のものは記者による談話筆記である。この七名の論者は七名とも『キリスト教人名辞典』（日本基督教団出版局、一九八六年）に名前の出ていることが示すようにキリスト教界関係者である。しかし各人と新島襄との距離は親疎さまざまで、賛美と批判の双方が出現するように論者の人選の工夫がなされている。

七名のうちで横井時雄と安部磯雄は、同志社の学生として新島襄に接し、最も濃厚に人格的影響を受けた人たちである。横井時雄（一八五八―一九二八年）は熊本バンドの一人として同志社に移り新島から洗礼を受けた。元々軍人志望であった安部磯雄（一八六五―一九四九年）も同志社入学で人生航路を大きく変えていった。安部もまた新島から受洗した。両人とも後半生を教育界に置き、西欧文明紹介や伝道事業や社会事業に携わり、新島襄の影響が強く刻印された生活を送った。彼らにとっての新島襄は何よりも人生観に決定的とも言える影響を与えた「先生」として温かく記憶されていた。横井にとって新島は「一世の感化」を与える「人格」の主であり、「情」のうらに「言ふべからざる一種の威力」をそなえた先生であった。安部は、先生の説教を聴きながら「私は何時も泣かされた」。「温かき優美なる」、「涙脆き」、「愛情」の人として新島を追憶している。このように直接学生として接した者からは、きわめて人間的な教育者として語られている。

これに対して、生前の新島襄との直接の接触があまりなかったと思われるのが島田三郎や山路愛山である。島田三郎（一八五二―一九二三年）は旧幕臣で、初め植村正久から受洗したがやがてユニテリアンに転じたクリスチャンであった。このジャーナリスト・政治家は晩年の新島襄と大学設立運動のことで二度引き会わされただけだという。したがってこの新島論を書くのにも苦労したようで、紙幅のかなりを陸奥宗光から聞いた新島評で埋めることで責を果たしている。島田三郎は二度の会見の時の新島の話題が「いつも教育の問題」で「一言一語胸中の熱誠を吐出する感を」受けたという印象を語っている。つまり直接接した時には人間新島の真摯な人柄を感じたと言い、他方では間接的に陸奥宗光から聞かされた「熱烈なる愛国者」イメージを伝達している。面白いのはこの二つのイメージの間に人間像の肌ざわりの微妙な相違を漂わせていることである。

それはともかくこの島田三郎の文中には陸奥宗光から見た新島イメージが書き残されていることが貴重である。大学設立運動をしていた新島襄は陸奥宗光に近づき信頼関係を築くのに成功した。その一例は明治二十一年七月二十三日付の陸奥から新島宛の書簡にある。当時駐米公使の陸奥は新島にこんな依頼をしている。

> 此比《このころ》当地在留之馬場辰猪ナル者当国の耶蘇《ヤソ》教会ヲ煽動シ種々妄誕ナル義申触レシ候、尤も為《ために》損害ハ無之候《これなくそうら》へ共、何卒老兄より御知人之米国人ニ対シ同人等カ為メ煽動ヲ受ケサル様何とか御方便ハ有之間敷哉《これあるまじきや》、別紙新聞切抜キ指上《さしあげ》候、御一笑可被下候、此事小生より申上候事ハ無論御秘シ可被下候（『新島襄全集9〈上〉』四二三頁）

危険な自由民権家として明治政府から睨まれた馬場辰猪は、当時アメリカに亡命していた。その馬場のアメリカにおける影響力を冷却する仕事を行うことを、陸奥は新島に依頼していたのである。今日ならば、天安門事件でアメリカに亡命した中国の人権活動家の行動を封じるように本国要人から依頼されたようなものである。この手紙に新島襄がどう返事し、どう反応したのかは分からない。客観的に見て「平民主義」に近づいていた当時の新島がこの種の陸奥の依頼に協力したとは思いたくないが、しかし陸奥からこのような依頼を受ける空気をもっていた事実は押さえておく必要があろう。

山路愛山（一八六五―一九一七年）も旧幕臣であり、一八八六年に日本メソジスト静岡教会で受洗した。この秀れた民間史論家と新島襄との面識関係ははっきり分からないが、そう深くなかったのではなかろうか。しかし愛山は新島襄の人物を深く理解し内在的に語りえた評論家であった。さてこの愛山の秀れた新島襄論が、最初に掲載されたのは明治三十六年九月三日、愛山主筆の総合雑誌『独立評論』九号の書評欄においてであった。そして『中央公論』に再録された後、自著『思ふがまゝ』（大正三年）にも収録された。『思ふがまゝ』が手元にないので、初出稿とのみ対比して見たところ、愛山が目を通したと思われる小さな修正が数箇所にあるものの、ほとんど初出稿のままであった。明白な間違いの訂正（たとえば、「杉山侯」→「松山侯」）の他に、「函館」→「凾館」、「癖見」→「僻見」、「警誡」→「警戒」のような変更がある。文意を拡充する敬語ないし一字の加除修正も数箇所あった。たとえば再録にある「善良なる米国的感化」の「善良なる」の形容は初出稿にはない。しかしいずれも文意を明晰にするための加筆で内容変更ではないのでいちいち列挙しない。逆に再録の方で「宣教師」が「宣効師」になっていたり、句読点が消えて不分明になってしまった箇所があるので、そこは初出稿によって補訂を行った。

またこの初出稿と再録の中間期に山路愛山は「現代日本教会史論」を執筆したが、その中の新島論には、この初出稿の三分の二くらいの文章を利用しており、その際にはかなり重要な内容の変更が加えられた。あの有名な「彼れは斯くの如くして成功したる吉田松陰となりて始めて米国の地を踏みたり」の文言も、この「現代日本教会史論」を書く時に追加されたものであった（『基督教評論』警醒社書店、明治三十九年。また『基督教評論・日本人民史』岩波文庫、四六頁）。しかしかこれらの変更の文言は、ここに紹介した明治四十年十一月号の『中央公論』の稿にはない。

ところで愛山がこの書評を思い立った動機はデイヴィスの著した新島襄伝を批正するためであった。新島のよき理解者であったデイヴィスですら、「先生脱藩の全動機は一に神を求むるに在りき」として「余りに単純に過ぎ」る「推断」を下している、と批判する。後世の視点から歴史を回顧的に合理化しすぎている。幕末の青年たちはもっと野心的で多面的な動機をもって海外を見ていた、と論じる。執筆動機のもう一点は、新島襄のパーソナリティ形成のうらには武士のエートスが濃厚に影響していた点を論じたかったからだと思われる。愛山は「先生の品性を支ふべき柱たりし武士道は先生をして自由と民政の信者たらしめたり」と見る。つまり武士のプライドや責任感が、「自由」「民政」「独立」といった平民主義思想を支えているのだと論じたのである。そして慧眼にも、教会合併問題に対する新島の激しい反対の態度は、「予は合議的自治制の愛慕者たり」と語るがごとく、自治民主主義精神に由来していたことを特に強調している。後の時代に「成功したる吉田松陰」の文言が独り歩きして、昭和前期の超国家主義と新島精神の溶接に利用されたことを思えば、私たちは愛山が武士のエートスと自治民主主義とを重ね合せて理解していたことの重要さをいくら強調しても強調しすぎることはないであろう。

さて七者中で生前の新島との接触度が中くらいだったと思われるのが松村介石、佐治實然、内村鑑三である。松村介石（一八五九―一九三九年）はよく分からない人物であるが、内村鑑三、植村正久、田村直臣と合せてキリスト教界の「四村」と呼ばれており、このうち植村以外は一匹狼的存在であったという。『キリスト教人名辞典』から判断すると、松村の人生からは良くも悪しくも「精神講話」の説教師のイメージが浮かぶ、江戸時代の「心学」の近代版かと思われる。収録した談話筆記で語られる新島像は、伝道事業などで接触を持った両者であるにもかかわらず、常識的で冗長で思想的に興味をそそる緊張感に欠ける。この評論から見ると松村はキリスト教界の「評論家」、内部事情通のような存在だった印象を受ける。

佐治實然（一八五六―一九二〇年）は『キリスト教人名辞典』で見ると、浄土真宗の寺に生まれ、東本願寺の学校に学び、後にユニテリアンに転じ、さらにそこを離脱して平民社の社会主義運動に参加した人だという。まことに波乱の人生を送ったようで、人物論を描いてみたい食指の動く人物である。

この評論にあるように新島との出会いは、仏教学校の青年としてキリスト教に対抗して「基督教徒と大悪戦を演じた」ことからであった。その頃は「敵の大将」たる「豪傑」新島襄がクリスチャンであることが解せなかったという。しかし敵ながら敬意を感じていたこの大将が、その後「学生に対して情誼の厚き」人物であることを知ったという。この評論の最後に人間新島を完璧に美化する傾向に苦言を呈しているのは興味深い。

内村鑑三（一八六一―一九三〇年）の場合は、逆に、初期の情熱的な新島礼賛者の立場から厳しい批判者へと転じていったケースである。アメリカで苦労していた時の内村は新島の仲介でアマースト大学に入学し、帰国後北越学館への就職口を斡旋してもらった。この頃の内村は新島を心からの恩人として熱い手紙を出している。しかし数ヵ月で挫折、その後、新島および同志社一般に対して批判的になっていった。この経緯については省く。この論評中でも新島に対して手厳しい。内村も客観的に新島の功績を評価する姿勢は見せる。新島を事業人、愛国者、キリスト教に帰依した人と評価してみせる。しかしすぐ後で「が唯一つ私の疑ふ点は、先生を宗教家と見る事が出来やう乎《か》、其一点である」とくる。この逆接の「が」がくせ者であり、分かりやすくまことに上手な修辞法であって、こう書くと、前段のほめ言葉もすべて相対化され「宗教家でない」の一点を強調する用語に逆転する。ではなぜ「宗教家」でないのかの詳しい説明はない。その論拠になったのは「自身で深く味はれた心霊上の自証の境界を（内村に）話されたことはない」からであり、同志社から宗教家が出ていないからであり、日蓮、親鸞、蓮如、ルーテル、サボナローラ、フランシスと比べて新島がそんな人物でないからだという。このように論証の仕方はかなり強引で内村の主観性（独善性）で貫かれており、こんな偉人と比較をされたら多くの人は誰でもたまったものではないだろう。つまり内村は名文でもって被告の内面性に言及するけれども、批判された側からすると意外に外在的でポカーンとするような指摘にすぎないことも起こるのである。

振り返ってみると内村鑑三ほど対人関係で摩擦の多かった人も珍しいだろう。妻、親族、学校、教会等、およそ組織になじめず波紋を生じてはその組織から去り、結局、〝柏木の聖人〟として無組織無教会で生きることになる背景には本人のパーソナリティも影響していたのではないか。しかし挫折、離脱の立腹のたびに見事な名論文を書き、それが秀れた日本文化批判になっていたのも内村であった。言い過ぎを覚悟して言えば、ある意味では対人関係の挫折を美文に転化して、しのいだのが内村鑑三だった。「文は人なり」というが、この点では内村ほどこの諺を裏切っていた人物はないのではないか。

およそ日本的和の精神から遠く（それ自身は立派であると筆者は思うのであるが）、日常周辺の人間関係で不協和音を持っていたことを含めて、内村の文章は理解すべきであろう。つまり見事なレトリックの名文の裏にどんな挫折した人間関係の具体的事実があったかも含めて解釈すべきである。この新島論もまた、北越学館事件で新島と溝ができ、その後も同志社出身者と種々の出来事で離反した体験に基づく、ある種の憎しみが投影されている文でもある。その点では新島を語る文である以上に内村自身を語っている文章として読むべきではなかろうか。

『新島襄書簡集』と『新島襄全集』の異同について

私たちが、新島襄を研究しようとする時に、いちばん手近な原資料として利用することが多いのは、岩波文庫版の同志社編『新島襄書簡集』ではないだろうか。この本は最初一九五四年に刊行され編集代表に同志社総長大塚節治の名前がある。以降、版を重ね、一九八八年三月、第一三刷の時に改版発行された。増刷時にはその時点で在職中の同志社総長名が奥付に付されてきた。したがって、いわば同志社「お墨付き」の資料として世間に流通しているものと言えよう。

文庫本は「同志社編」となっており、凡例の末尾には「本書編纂の責任は、すべて、新島襄伝記編纂委員にあることを、ことわっておく。昭和二十九年十一月」(六頁)とある。一見、もっともらしいが調査すると、この委員会の実態が不明なのである。この年は、総長職と理事長職の分離が行われ、秦孝治郎理事長が誕生して間もない時期であった。この時期に新島襄伝記編纂委員会が存在していた事実はない。現在同朋舎出版から刊行された『新島襄全集』全一〇巻を作成した「新島襄全集編集委員会」ともまったく無関係である。したがって岩波文庫に記されている新島襄伝記編纂委員とは森中章光氏(故人)が自分で名乗った名称であり、委員は彼一人だけであったと思われる。しかし奥付に編集代表として当時の同志社総長大塚節治の名があることから、何らかの形で総長の許諾があったのであろう。

かねがね新島襄全集編集委員の一人、杉井六郎先生から私は、この岩波文庫版には資料的問題点が多く、絶版にするのが望ましいということを伺っていた。事実、杉井六郎先生は「書簡の原本と対校すると全く恣意的な省略、抜粋をおこなっており、『新島の精神・思想・信仰を識り、彼の人格に触れる』（「凡例」の三条目の表現）ことを企図しながらも、校訂上、きわめて重大な誤りとかつまた新島の本来的に具有した人格をも侵す二重の過ちを犯している」（「解題」『新島襄全集4』五二五頁）と指摘しておられる。本論はそれを検証する試みである。

そこで今回、岩波本と全集本を比較対照してみた。岩波本では、削除の表示は二箇所しかない。**書簡番号一七**に「（中略）」、**書簡番号九六**に「（下略）」と合計二箇所の表示があるのみである。それによってかえって、他は完全稿のような印象を与えるが、実は他にも以下のように、大量の削除部分を発見するに到った。なかには数頁に及ぶ大幅なものもあった。

また弟新島双六宛の**書簡番号一一**の手紙のように、弟への忠告を箇条書きにした中で、遊郭に行かないようにという一箇条を削除した後では、それに続く箇条書きの数字を順次一つずつ繰り上げて辻褄合わせをするといった改ざんが施されている事実も判明した。

あるいは**書簡番号八二**の海老名弾正宛の中では、全集では「元来吾人ハ金ニ頼ミ人間ニ頼マサルハ申迄も無之候得共」とあるところの、「金ニ頼ミ」を「金に頼まず」と逆に換えて、文庫版では「元来吾人は金に頼まず人間に頼まざるは申す迄もこれ無く候へ共」と改ざんしている。

岩波本に欠落していた部分は二〇〇箇所近くあり、それをリストにしたものが以下である。

省略で量の多いのは「追って書」の部分である。またあまり重要と思われない事務連絡や近隣人への挨拶句もよく略されている。しかしこの「追って書」の扱いも不統一である。多くは全文省略であるが、なかには一部のみ採用や全文採用の場合もある。原文にあった「割り注」の扱いも不統一で、「　」に入れて本文に採用する場合もあれば、省略されている場合もある。

問題は注記なしにかなり重要な内容の文章の省略がなされる点である。そのことによって編者の独自の解釈を含ませたと思われる新島襄イメージが強調されている。省略部分を洗い出していて気付いた特徴的な点を列挙しておく（ゴチック体の漢数字は岩波文庫の書簡番号）。

1、娼妓、遊郭、飲酒関連の削除→（**八**、**九**、**一〇**、**一一**、**一四**、**一五**、**二五**等）
2、神仏批判箇所を削除（**八**）、板垣退助の耶蘇教（**五〇**）を削除
3、子弟の経済的窮迫記事を削除→下村（**六七**、**六八**）、横井（**九四**）
4、広津友信関連は削除→（**九三**、**九六**、**九七**等）
5、新島八重関連箇所は不自然な削除が多い→（**八八**、**九〇**、**九四**等）
6、押川方義批判削涂（**九二**）、銀座教会トラブル削除（**三九**）
7、日常の細事の省略→「唐黍の粉馳走」（**四六**、**三二**等）
8、西洋風好みを削除→「大分洋人らしく相成」削除（**二三**）
9、「民権なり」削除（**五〇**）、紫溟会批判削除（**八二**）
10、辻（家永豊吉）関連削除（**四一**、**五二**）

等々

以下は『新島襄全集』と対比して岩波文庫版（第一七刷〔二〇〇〇年七月〕版）で削除された主要箇所の一覧であ

る。

●文庫版と全集版との表記の異同を、〔文庫版〕→〔全集版〕と表示した。
●文庫版の重要な削除・欠落箇所を、《　》の中に表示した。
●（　）内の頁の下の数字は何行目であるかを示す。
●解釈に影響しない小さな差異、異同は対象にしなかった。

書簡番号四　新島民治宛　元治1／4／25
23頁。16行目、〔見物候に、〕→〔見物致候に、〕（『全集3』12頁、2）
23頁。17行目、〔股引・パン〕→〔股引・枕・パン〕（『全集3』12頁、2）
24頁の文末、13行削除（『全集3』12－13頁）、文頭の余白への追伸（以下頭書と略）の削除（『全集3』11頁の頭書）

書簡番号五　新島民治宛　元治1／5／25
26頁の文末、追って書5行削除（『全集3』18頁）

書簡番号六　新島民治宛　元治1／6／14
28頁の文末、追って書3行削除（『全集3』19頁）

書簡番号七　新島民治宛　慶応2／2／21
30頁7行。割り注削除（『全集3』28頁、1）

《箱楯よりの略記別紙にのせり》
31頁の追って書の末尾、10行削除（『全集3』29頁）

書簡番号八　新島民治宛　慶応3／3／29

35頁。16－7行目、［寒にようようたる春風］→［実に融々たる春風］（『全集3』33頁、4）
37頁。8行目の、［とかよび、］と［その業を］の間に、27字削除（『全集3』34頁、5）
《親兄弟をけつけ、情の知れぬ女郎になじみ逐に靡毒に染まり》
38頁。14行目、［やわらかき養生に］→［やわらかき食正に］（『全集3』35頁、4）
40頁の最後［相成らん。］と41頁の最初［扠て、］の間に4行分削除（『全集3』36頁、12－16）
41頁。5行目の［御座候。］と6行目［何卒］の間に3行分削除（『全集3』37頁、2－5）
41頁。7行目、［只独り］と［の神に］の間の割り注削除
《釈迦如来の如き銕石の仏とハ相違いたし候》（『全集3』37頁、5）
42頁。9行目と10行目の間に1行削除（『全集3』38頁、4）
42頁。13行目と14行目の間に1行削除（『全集3』38頁、8）
42頁。末尾の後に7行削除（『全集3』38頁、11－15）

書簡番号九　新島双六宛　慶応3／3／29

45頁。7行目と8行目の間に1行削除（『全集3』25頁、2）
46頁。12行目と13行目の間に1行削除（『全集3』26頁、1）

《箱楯を去てより略記別紙に委しく書きのせり》
46頁。13行目と14行目の間に1行削除（『全集3』26頁、3）
《江戸より持来りし真書尽不具に属せし故、ペンにて此書をしるせり》

書簡番号一〇　新島とみ宛　慶応3／12／24

48頁。10行目、〔差別はなく、〕と〔年中〕の間に、《草木は》が欠落（『全集3』44頁、1）
50頁。11行目の〔大口をはき〕と〔候事〕の間、14字削除（『全集3』45頁、6）
《、又は女郎買を以て交りを結ひ》
52頁の文末、追って書2行削除、（『全集3』47頁、3－4）

書簡番号一一　新島双六宛　慶応3／12／24

54頁。8行目、〔由なれ共、兵を〕→〔由、されと兵を〕（『全集3』40頁、10）
55頁。4行目の文末、割注を削除（『全集3』41頁、3）
《右の事は他人に談する勿れ》
55頁。10行目の〔源にして、〕と〔宜しく〕の間、11字を削除（『全集3』41頁、7）
《喜怒哀楽の問屋場なり、》
55頁。10行目と11行目の間に、2行削除（『全集3』41頁、9－10）。
《六　一切妓を擁せぬ〔様〕いたし度候、黴毒ひとたみに染り候得ば、其身生涯の害のみならす、子孫へ伝り候故、宜し〔く〕敬而之を避くへし、若し哲の朋友中に哲を花柳間に誘ハんとする輩あらば、宜断交す

へし》

箇条書きのこの《六》を削除したため、以下の《七》、《八》の数字表記を《六》、《七》に書き換える改ざんが施されてある。

書簡番号一二　新島民治宛　慶応3／12／25

58頁。11行目の［るべく候］と［扨て、］の間、36字削除（『全集3』48頁、16）

《但し其上書の義は杉田様へ御頼み私より差上候状袋の上ハ書の通御認め可被下候》

58頁。11行目の［御座候間］と［何卒］の間に26字削除（『全集3』48、17）

《何卒其者の機嫌を失なわぬ様いたしたくそんし候、依之而》

書簡番号一三　新島民治宛　明治2／5／10

66頁。4行目末と5行目の間、4行削除（『全集3』71頁、1－4）

66頁。8行目の［候。］と［それよりホリヨーク］の間、6行削除（『全集3』71頁、6－11）

67頁。3行目の［願上申候。］と［尺振八］の間、27字削除（『全集3』72頁、7）

67頁。5行目文末に、2行削除（『全集3』72頁、9－10）

67頁。9行目の［べく候。］と［但し］の間、2行削除（『全集3』72頁、13－14）

67頁。11行目の文末、2行削除（『全集3』72頁、16－17）

67頁。13行目の文末、6行削除（『全集3』73頁、3－8）

書簡番号一四　新島民治宛　明治2／6／16

70頁。8行目、［致すまじき様呉々申すべく候間］→［致間敷様、且呉々も飲食女色を遠ざけ候様可申候間］
（『全集3』76頁、15）

71頁。6行目の文末に、2行削除（『全集3』77頁、8－9）

71頁。12行目の文末に、4行削除（『全集3』77頁、13－16）

書簡番号一五　飯田逸之助宛　明治4／2／11

75頁。4行目の後、追って書2行削除（『全集3』84頁、9－10）

書簡番号一六　新島双六宛　明治4／2／11

78頁。1行目の［交るなく、］と［且つ］の間に、2行削除（『全集3』86頁、5－6）
《最前ニも申セし通、章台を遠さく様乃兄之望む所なり、如何となれば男児一ひ血を娼妓ニ染むれば其毒子々孫々へ伝り、子孫の難儀不幸と成らん事恐るべき事なり》

78頁の文末、追って書8行削除（『全集3』87頁、1－8）

書簡番号一七　新島民治宛　明治4／9／6

83頁。本文の最後に、追って書8行削除（『全集3』96頁、5－12）

書簡番号一八　新島民治宛　明治5／4／1

86頁。2行目、［七ケ月中］→［六、七ケ月中］（『全集3』99頁、1）
86頁。11行目の後に、追って書2行削除（『全集3』99頁、8－9）

書簡番号二二　新島民治宛　明治5／9／29

92頁。3行目の書簡末、追って書1行削除（『全集3』106頁、7）

書簡番号二三　新島民治宛　明治6／1／26

98頁。11行目、［下ヒゲもはやし候］→［下ヒゲもはやし大分洋人らしく相成候］（『全集3』110頁、15）
99頁。5行目の後に、追って書6行削除（『全集3』111頁、9－14）

書簡番号二四　新島民治宛　明治6／3／18

102頁。文末に、追って書1頁削除（『全集3』114頁）

書簡番号二五　新島民治宛　明治7／1／11

104頁。13行目の［仕らず、］と［万事節約］の間、10字を削除（『全集3』120頁、5）
《酒も不飲、烟草も不呑》
105頁。2行目、［農具と申候事にては］→［農具と申ノミ而は］（『全集3』120頁、10）
105頁。文末、追って書1行削除（『全集3』120頁、15）

書簡番号二六　新島民治宛　明治8／1／1

106頁。12行目、［及び候はゞ］と［小子の］の間に、30字削除（『全集3』123頁、6－7）

《日本当今の悪習をも一洗すべき一機会とも可相成義、左様ニ候ハヽ》

107頁。文末、追って書1行削除（『全集3』124頁、7）

書簡番号二七　新島民治宛　明治8／3／7

110頁。本文末、追って書3行削除（『全集3』130頁、11－13）

書簡番号二八　千木良昌庵宛　明治8／3／30

111頁。この書簡の本文の頭と末尾の追って書、各1行削除（『全集3』132頁）

《但僕之神経病之義ハ弊宅迄御吹聴無之様仕度候》《此一書老父迄御届被下様奉願上候、尚々聖書勉強之方へ宜しく御風声可被賜候》

書簡番号二九　新島民治宛　明治8／5／5

113頁。の末尾に、追って書1行削除（『全集3』136頁、2）

書簡番号三〇　新島民治宛　明治8／6／8

114頁。14行目と15行目の間に、3行削除（『全集3』137頁、3－5）

《扨美代様よりの御文ニは速水氏も五ケニ夫婦養子ニ相成候様御知せ被下、且椺弥殿も近々師範学校へ可罷越よし云々、私ニ於テ甚満足ニ存候、尚々当人義勉励一人前之人間となり新島家を相続致し御呉望居候、何レ私事も両三日之内ニハ亦々大阪ニ帰リ可申候間御返事之義ハ旧ニより大阪与力丁三番迄》

115頁。3行目のあと、追って書4行削除（『全集3』137頁、10－13）

書簡番号三二　新島民治宛　明治8／7／21

117頁。2行目の冒頭、［四月十五日］↓［七月十五日］（『全集3』139頁、4）

117頁。13行目の［御内々。］と［何れ］の間、2行削除（『全集3』139頁、11－12）

《且御母様ニ御噺有之候ハ、直ニ向ふ不見に近所へ参り御噺可相成候間、此義は御母様へも御内々なし可被置候、且ゴカ之御姉様へも御内々》

118頁の冒頭。1行削除（『全集3』140頁、1）

《成る丈御倹約、あまり世間への義理とか付き合等は御止めムダな金を御つかい不被成様仕度候、》

118頁。末尾の割り注。

《クズし候金少々有之候間封入仕候　是はアシタのヒルメシのサイを御求可被成候》

追って書6行削除（『全集3』140頁、4－9）

《甚暑之節何卒御養生専一、なる丈食事之時刻を定め、且消化の悪き者と腐敗物とは御用心可有之候私義今に京師ニ罷在学校ノ為工風いたし居候、何レ一両日之内下サガと申し而嵐山を向ふに見請余ほど風景之よろしき所へ参り八九日逗留、桂川へ参りアヒを可釣と楽居候、当時桂川のアヒハ六寸余り有之候、今朝ハ五時前ニ起き朝飯前ニ此書を相認申候》

書簡番号三三　中村正直宛　明治9／12／11

120頁。文末に追って書き1行削除（『全集3』146頁、6）

《津田仙君ニ御面会有之ハよろしく》

書簡番号三四　湯浅治郎宛　明治11／6／19

この湯浅治郎宛書簡の日付は、全集において明治十年六月十九日と考証、訂正された。（『全集3』148頁、および769頁の注解参照）

書簡番号三六　安中教会員宛　明治12／2／10

126頁。文末、追って書1行削除（『全集3』161頁、8）

《千木良死去之報若し間違ひならば此書ハ御焼去可被下候》

書簡番号三七　千木良昌達宛　明治12／3／6

129頁。文末に追って書き1行削除（『全集3』163頁、4）

書簡番号三八　新島八重宛　明治13／2／25

134頁。12行目、［参り候はゞ、又］→［参らすに又］（『全集3』172頁、9）

135頁。3行目、［前の］→［若し］（『全集3』172頁、15）

135頁。5行目と6行目の間に、4行削除（『全集3』172‐173頁）

《同志社之規則も慥ニ請取申候、パームレー様之免状は未タ下り不申候哉、公義様か京都府之庶務課ニ御出何時頃願書ハ東京ニ御進達ニ相成候哉御尋被下度候……（後略）》

135頁。文末に追って書き1行削除（『全集3』173頁、7）

書簡番号三九　小崎弘道宛　明治13／2／25

136頁。10行目と11行目の間、4行削除（『全集3』174頁、4－7）

《且大阪之継憲君之御所置ハ兄より之を久々御世話被成候は決而策之上ナル者ニ非ス、十七八ニナリテ学問モセス、且十二ノ奉公モセスシテ母ノ目下ニ置クハ益々無益ノ人ナラシムル手段トモ可申候間、少しも早く何カノ職ニカ就カシメサレハ、生涯君ノスネカジリと可相成と推量す、何ソ断然の御処置アリテハ如何》

137頁。9行目後の本文末、9行削除（『全集3』174－175頁）

《先日桂兄より銀坐教会之我新肴丁教会之頭ノ上ニ移し大不都合を生し云々、明細に御記し一書御投与ニ預リ小生も是ガ為甚心痛仕候、……（後略）》

書簡番号四〇　小崎弘道宛　明治13／6／12

138頁。7行目の［事にて、］と［その分］の間、3行削除（『全集3』178頁、5－7）

《向後は小生幹事　益親密ニ合談シ、私共ニ手抜ノナキ様注意スベシ、幹事モ皆其積ナレハ向後大ニ同志社ノ体面モ一新スベシト希望す、何卒一日モ同志社ハ兄ノ御心中ニ御忘レナキ様、且つ不絶御祈アリタシ》

138頁。10行目の文末、2行削除（『全集3』178頁、9－10）

《中島之事ハ尚一応相談可仕候　○青年会ニて御出版之御企あるよし陳重々々、何レ右之義は当地兄弟教

師共と相談可申候》

138頁。15行目の文末、5行削除（『全集3』178-179頁）

《グリーン氏之事ニ付御申越有之小生も甚困却仕候、過般三浦氏之入会之節貴会ニ而津田先生を招かさるは先生より不足を云れるも仕方なしと存候、グリーン氏之一条ニ至而は津田先生ハ一切何人之言も不聞入、之を申せば必らす絶交ニ相成可申候、津田先生を不正トハ難申、唯ミステーク申度候、グリーン氏にも幾分か拙策も有之候間、此事ハミスフォルチュント申事か、両間ニあり小生甚困却仕候、……（後略）》

138頁。文末、追って書5行削除（『全集3』179頁、6-10）

書簡番号四一　徳富猪一郎・河辺鍋太郎宛　明治13/6/29

141頁。13行目と14行目の間、1行削除（『全集3』181頁、15）

《○辻君ニは其後御不音申上候、同君は不相替勤学被致候哉、何卒君等より宜しく御致声被下度奉願候》

142頁。末尾、追って書1行削除（『全集3』182頁）

書簡番号四二　徳富猪一郎宛　明治13/9/21

144頁。3行目の［く候。］と［同志社生徒］の間、12字削除（『全集3』186頁、12）

《且漢学科も不遠設置之積、》

144頁。文末、追って書5行削除（『全集3』187頁）

書簡番号四六　蔵原惟郭宛　明治16/2/7

この蔵原惟郭宛書簡の日付は、全集において明治十四年二月七日と考証、訂正された。（『全集3』190頁、および785頁の注解参照）

153頁。12行目の［申候。］と［柏木氏］の間、31字削除（『全集3』191頁、11－12）

《尊大人より唐黍之粉御遣はしのよし、何れ着次第其運賃等差上可申候》

153頁。文末、追って書2行削除（『全集3』192頁）

《尊大人初皆々様ニ宜しく御致政被下度奉願上候、小生ニ御托之金子四円ハ帰京之上郵便為替となし差上候処、何之御沙汰も無之候、其金子ハ最早御落手ニ相成哉奉伺候、此一片紙ハ西京郵便局より之書留之請取証也》

書簡番号四八　中村正直宛　明治16／5／18

155頁。文末に追って書き2行削除（『全集3』233頁）

《尚々、昨日ハ吉原君ニも拝眉之上御賛成願置候得共、貴君ニハ同君よりも小生之学校之始末ハ逐一承知之事ナレハ、何ソ御相談有之候節ハ克々御話し置被下度候様奉願候》

書簡番号四九　西京三教会宛　明治16／5／21

158頁。14行目、［且つ金曜日］→［且前金曜日］（『全集3』236頁、13－14）

160頁。1行目の［天父来臨あり、］と［天軍来臨］の間、6字削除（『全集3』237頁、13）

《基督来臨アリ》

書簡番号五〇　板垣退助宛　明治16／12／31

162頁。7行目の［学術なり、］と［政治なり、］の間、4字削除（『全集3』253頁、8）

《民権なり》

162頁。11行目、［耶蘇教］→［独耶蘇教］（『全集3』253頁、10）

162頁。15行目、［此の則を］→［此規則を］（『全集3』253頁、14）

163頁。1行目、［憂国］→［愛国］（『全集3』253頁、16）

163頁。5行目の［急務］と［たり。］の間、約2行削除（『全集3』254頁、1－2）

つまり原文は《急務中之大急務と存候、閣下ニハ御帰朝已来耶蘇教之必要なるを主張せらるゝに似たり》であるが、文庫本では「急務たり」とされ耶蘇教のことがなぜか消されている。

書簡番号五一　柏木義円宛　明治17／1／20

166頁。文末に追って書き2行削除（『全集3』257頁）

書簡番号五二　松村介石宛　明治17／3／12

168頁。本文末尾、3行削除（『全集3』263頁、6－8）

書簡番号五四　新島八重宛　明治17／8／16

173頁。2行目の［ンド］と［の境、］の間、約3行補完部分削除（『全集3』299頁、2－4）

173頁。5行目の［知らず。］と［皆トンネル］の間、約2行削除（『全集3』299頁、6－7）

《又鉄橋を越したる又幾度なるを知らす、鉄道此論を為せし所は決して平地にあらす》

書簡番号五五　新島八重宛　明治17／8／25

175頁。7行目の［程なり。］と［直ちに］の間、17字削除削除（『全集3』300頁、10－11）

《山之上に蒸気船と波止場あり、其より》

176頁。5行目の［霧は深くなり、］と［午後］の間、13字削除（『全集3』301頁、7）

《午后も天気の見込なきにより》

書簡番号五六　新島八重宛　明治17／10／31

180頁。2行目の［様にと、］と［着］の間、8字削除（『全集3』303頁、11）

《ハーデー様御夫妻》

180頁。15行目の［積り。］と［私］の間、29字削除（『全集3』304頁、6）

《此グウル、港はボストン之東に当り僅十四五英里之所にして、》

182頁。13行目の［昨日］と［私の］の間、18字削除（『全集3』305頁、12）

《正午ダンウァルス・ポルトと申処に出て》

書簡番号五七　新島八重宛　明治17／11／22

184頁の最終行、［人物には、］↓［人物にも、］（『全集3』307頁、2）

185頁の1行目、［よろしきか、］↓［よろしきは、］（『全集3』307頁、3）

書簡番号五八　中村栄助宛　明治17／11／23
186頁。文末と文頭に、追って書計5行および別紙1行省略削除（『全集3』307－8頁）

書簡番号六〇　新島八重宛　明治18／3／2
190頁の10行目、［思出し、］→［数出し、］（『全集3』333頁、2）

書簡番号六一　新島八重宛　明治18／5／11
192頁の11行目、［それより］と［椅子］の間に2字削除（『全集3』345頁、10）
《銘々》
192頁の15行目、［一の新島］→［予新島］（『全集3』345頁、13）

書簡番号六二　蔵原惟郭宛　明治18／5／30
196頁。8行目と9行目の間、1行削除（『全集3』348頁、7）
《尚々、其後ソーヤル君ニ御無沙汰申候、宜しく御致声ヲ乞フ》
196頁。10行目と11行目の間、1行削除（『全集3』348頁、10）
《生ノ心緒御了察アレ》

書簡番号六四　新島八重宛　明治18／8／19
198頁の8行目、［申し、］と［金なき］の間の、省略符号（……）の削除（『全集3』358頁、最終行）

［申し、金なき］→［申候、……金なき］

198頁の11行目、［申候。］と［此の事］の間の、省略符号削除（『全集3』359頁、2）

《……》

この二件を表示した理由は、書簡原本が存在せず、柏木義円が転写した段階すでに原本削除がされていたことを示すためである。岩波本では省略符号が削除されたため、読者は省略があったとは思わないで読む。なお、この時期の新島八重関係書簡は森中章光氏の写本で存在することが多く、なぜか、文章の前欠、中欠、後欠、などの不自然な写本が多い。

書簡番号六六　蔵原惟郭宛　明治18／10／9

201頁。9行目と10行目の間、1行削除（『全集3』363頁、9）

《スウオール氏御夫妻初教師方御一統ニよろしく、又フィール先生ニもよろしく》

書簡番号六七　徳富猪一郎宛　明治18／12／20

203頁。10行目と11行目の間、1行削除（『全集3』372頁、2）

《○御双親様之御起居近来如何、乍憚御報凰声可被賜候、生も少々ハ宜しき方御安心奉仰候》

書簡番号六八　徳富猪一郎宛　明治19／1／19

まず徳富猪一郎宛書簡の日付は、明治十五年一月十九日であることが全集において考証、訂正された。

（『全集3』216頁、および791-2頁の注解参照）

205頁。8行目の［候次第。］と［兄より］の間、14字削除（『全集3』216頁、6）

《留守中諸事其儘ニ打捨置き、且》

206頁。4行目と5行目の間、2行削除（『全集3』217頁、4-5）

《相愛社ヨリハ勧学社之為如何ナシ被下候哉、下村も余程困却之よし、当地ヨリモ別ニ助クルノ金ナシ、甚気之毒千万ニ奉存候、何ソ貴地ニテ御工風ハナキ者ヤ奉伺候》

206頁の文末、4行削除（『全集3』217頁、7-10）

《尚々、尊大人初御一統様宜しく御致声奉希候、健次郎様よりも態々新年之祝詞御投与被下難有奉謝候、尚一層御勉励有之様襄より切ニ願望仕候……（後略）》

書簡番号六九　福士成豊宛　明治20／5／9

208頁。5行目の［候］と［小生も］の間、25字削除（『全集3』459頁、11-12）

《何レ弥之ヲ借ルト否トハ小生共参上之上之事ニ致度候、》

書簡番号七〇　同志社生徒宛　明治20／6／19

209頁。9行目、［人力車］→［人乗車］（『全集3』468頁、3）

210頁。4-5行目、［為すなき様慎み、益々勉め］→［為ス勿レ、弥謹ミ益勉メ］（『全集3』468頁、12）

211頁。4行目（文末）の後、1行削除（『全集3』469頁、8）、また追って書2行（467頁、10-11）も削除。

書簡番号七一　宮川経輝宛　明治20／7／11

213頁。2行目の〔度く候。〕と〔匆々不具〕の間、34字削除（『全集3』474頁、3-4）
《兄之此度之事件之為祈る事久矣、願〔クバ〕神ノ妙手其事をして成就せしめん事を、》

書簡番号七二　小崎弘道宛　明治20／10／28

この小崎弘道宛書簡の日付は、全集において明治二十一年一月二十八日と考証、訂正された。（『全集3』517頁、および875頁の注解参照）

214頁。15行目、〔不賛成にして、〕→〔不賛成ニ候得は、〕（『全集3』517頁、13）
215頁。2行目、〔治め易き便は〕→〔治メ易キ弁利ハ〕（『全集3』518頁、2）
215頁。8行目、〔良心の善し〕→〔良心ノ好シ〕（『全集3』518頁、5）
215頁。8行目、〔難く候。〕と〔何れ〕の間、30字削除（『全集3』518頁、6）
《同志社ノ相談ハ先日委員会ニテ先ツ会計ヲ引受クル事ニ取極申候、》
215頁の文末、追って書2行削除（『全集3』518頁）
《其後北堂様ノ御病気ハ如何、何卒御大切ニ被遊度候、小生ノ視察スル所ニヨレハ、我カ組合会ノ中ニモ何ニトナク寡人政府主義ヲ賛助スルモノカアリハセヌカト少々心配仕居候》

書簡番号七三　湯浅初子宛　明治20／12／17

216頁。6行目、〔得策ならずと、〕→〔不得策ナリト〕（『全集3』504頁、2）

書簡番号七四　土倉庄三郎宛　明治21／5／11

219頁。11行目、［小生とても］→［小生もとても］（『全集3』569頁、2）
219頁。14行目、［心に残す］→［只心に残す］（『全集3』569頁、3）
220頁。11行目、［同志社の資に］→［同志社之資本に］（『全集3』569頁、13）
220頁の末尾、追って書1行削除（『全集3』570頁）

書簡番号七五　大隈重信宛　明治21／7／10

223頁。2行目の［の上］と［それぞれ］の間、32字削除（『全集3』603頁、6－7）
《両伯仲ノ御自邸内カ、又ハ何レノ所カ余リ公然タラサル場所ヲ撰ハレ、》
223頁。文末。追って書3行削除（『全集3』604頁、1－3）
《尚々、小生御指揮ヲ待チ参趨可仕筈之処、閣下ニも当分は御多忙ト奉察本文相認候也、右両派伯御会合云々之願ニ付、成否之御決答は小生ナリ御都合次第御呼出之上被仰付度候、何レ本文之義ハ拝謁之上尚詳細奉申上度候、敬具》

書簡番号七六　下村孝太郎宛　明治21／8／11

225頁。2行目の［もの丶］と［一つ］の間、21字削除（『全集3』619頁、7－8）
《ナレハ少多ノ遅速ハアレトモ、矢張行クモノ、、》
225頁。7行目、［おるも、］→［オルトモ］（『全集3』619頁、11）
228頁。9行目と10行目の間、約2行削除（『全集3』622頁、3－4）
《同夫人ノ扶助シ呉候二人ノ少年生徒モ同志社ニ当九月ヨリ三年トナルヘキ旨モ御通被下度候》

228頁。12行目の［苦しからず候。］と［貴兄］の間、約3行削除（『全集3』622頁、6－8）
《然し資本募集云々ノ事ハ彼等ニハ承知ニ候哉、中島等ニ御相談アルモ可ナランカ、然シ貴兄ニテ独断ノ事ナレハ書中ノ一部分丈ケ御知セ被下候モ可ナリ》

書簡番号七八　井深梶之助宛　明治21／11／6

この井深梶之助宛書簡の日付は、全集において明治二十一年十一月十二日と考証、訂正された。（『全集3』674頁、および914頁の注解参照）
231頁。7行目、［寡人政治は］→［寡人政治ノ］（『全集3』674頁、7）
232頁。14行目、［長所］→［所長］（『全集3』675頁、11）

書簡番号七九　勝安芳宛　明治21／11／19

236頁。6行目、［如くものあらん］→［如クモノカアラン］（『全集3』679頁、10）

書簡番号八一　河波荒次郎宛　明治22／2／3

241頁。14行目、［相認め候］→［相認申候］（『全集4』38頁、9）
242頁。1行目の末尾。追って書1行削除（『全集4』38頁）

書簡番号八二　海老名弾正宛　明治22／3／31

242頁。11行目、［起り、］→［越し］（『全集4』84頁、2）

243頁。8行目、［金に頼まず人間に頼まざる］→［金ニ頼ミ人間ニ頼マサル］（『全集4』84頁、10）。ここでは［金ニ頼ミ］が［金に頼まず］と、原文と真逆に改ざんされている。

243頁。12行目、［存じ候間、］と［何卒］の間、19字削除（『全集4』84頁、13）

《（此ノ事ハ貴兄ニ向ヒ申迄モ無之候得共）》

243頁。15行目と16行目の間、4行削除（『全集4』84–85頁）

《過般貴校ニ対し鄙見を吐キ置候ニ付キ未タ御確答も無之候間、定而尚御勘考中之事たるへしと存候、右様ポシティヴに為すは危嶮之場合ニ立至るも難計候得共、之ヲソポルトする校友を作り置き、金と人とをソツプライせしむるの策なり、乍去紫溟会之如き挙動ハ飽までも度外視シ置クニ如カス、彼等ハ余リ長キ命脈ハアルマジト存候、何卒是より隠然ト士を養ふの大源となし永久之策を立賜ハん事貴校ニ切望する所也、早々頓首》

244頁。3行目の追って書の末尾、2行削除（『全集4』85頁、6–7）

書簡番号八三　川西光三郎宛　明治22／4／3

246頁。この書簡末尾。追って書1行削除（『全集4』90頁）

書簡番号八四　徳富猪一郎宛　明治22／8／17

この書簡は、段落の変更の仕方に疑問有り。段落を変えることで微妙に文意が動いている。

247頁。6行目–8行目の細工。

［候。小生はかゝる事はあるまじと確信致し居り候。「何れにかシンパセーを御持成さ候

事これ有り候うもの」(改行)
此れは……(後略)」
とされているが、『全集4』では、以下のごとし。
［候
小生はかゝる事ハあるまし且右様之事件ハ一切知らすと申居候、小生ハ貴兄之容易イ彼之二三ノ政党派中ニ御加入あるましと確信致し居候、(何レニカシーパセーを御持被成候トモ)此レハ……(後略)」(『全集4』200頁、8)

書簡番号八五　横田安止宛　明治22／10／24

この横田安止宛書簡の日付は、全集において明治二十二年十月二十五日と考証、訂正された。(『全集4』226頁、および466頁の注解参照)。当然、250頁4行目の日付も全集と食い違っている(『全集4』227頁)。
249頁。1行目、［候。京都］↓［候而京都］(『全集4』226頁、9)
249頁。3行目、［必ずや、好果］↓［必らず好果］(『全集4』226頁、10)
251頁。6行目、［深く］↓［弥、］(『全集4』227頁、最終行)

書簡番号八六　児島惟謙宛　明治22／10／26

252頁。12行目、［夫人］↓［令夫人］(『全集4』229頁、12)

書簡番号八七　古賀鶴次郎宛　明治22／11／26

253頁。8行目、［勉めよや、］と［頗る］の間、2字削除（『全集4』232頁、6）

《生ハ》

なおこの書簡の追って書は、もう一行文頭の余白にあった、削除されている（『全集4』232頁、3）。

《此両三日ハ不加減ニ而床ニ伏したり、乍去最早本日ハ快復セリ》

書簡番号八八　横田安止宛　明治22／11／23

256頁。1行目、［厚情の程を］→［好情之忝ヲ］（『全集4』245頁、3）

256頁。8行目、［に最も困難］→［ニハ尤困難］（『全集4』245頁、8）

256頁。13行目、［着実］→［実着］（『全集4』245頁、11）

256頁。14行目と15行目の間、2字削除（『全集4』245頁、終りから2行目）

《有感》

256頁。15行目と16行目の間、約3行削除（『全集4』246頁、2－4）

《小生モ明後日より上州へ出発、七日カ十日間ハ滞留し、其後再ヒ帰京、漸時ハ収穫之為奔走可仕候、時々留守宅へモ遊ヒニ御越被下候由ワイフより申来り当人モ留守中之鬱ヲ散スト申大ニ喜ヒ居候間、尚御勉強之余暇ニハ御来訪、同人ヲ御慰メ余り久々之留守ニ失望セサル様御工風被下度候》

257頁。2行目の文末、12字削除（『全集4』246頁、6－7）

《又過日広津ニも申遣候通、》

書簡番号八九　松方正義宛　明治22／11／25

259頁。1行目、［候間、明治］→［候間、来明治］（『全集4』247頁、9）
259頁。7－8行目、［小生は］→［小生ニハ］（『全集4』247頁、12）

書簡番号九〇　新島八重宛　明治22／12／14

261頁。14行目の［下され、］と［書生］の間、約3行削除（『全集4』267頁、2－4）
《カノ口ヤカマシキ馬鹿モノドモニ彼是云ハレヌ様呉々も諸事ニ御用心被下度候
横田君ニハ深切ニ尋ね呉候様、誠ニたのもしき若者なりと私も力強く存居候》
261頁。本文の最後段［度く候。］のあと、約4行削除（『全集4』267頁、5－8）
《御兄様より松方大臣への御書面は何レ早々其下書を認メ御廻し可申候間、一応御兄様ニ御キ、ニ入レ其上御認被下度候
川原町ニ呉々もよろしく、速水も気ノ毒ニ存候、何卒此方よりハ成丈ケヤサシク勘弁シテ御付キ合被下度、先は用事ノミ》

書簡番号九一　井上馨宛　明治22／12／16

262頁。12行目、［軽快に］→［甘快ニ］（『全集4』272頁、7）
263頁。6行目のあとに、追って書2行削除（『全集4』272頁）

書簡番号九二　白石村治宛　明治22／12／23

264頁。11行目、［又此の度びの］→［又此処の］（『全集4』284頁、13）

265頁。8行目末、12行削除（『全集4』285頁、9から286頁、3）
《小生も如此も汲々乎として御県下の伝道を急そき候は他なし、一は吾人より速に着手せされは他より侵入し来るは必定なり、又一には一致教会の押川君は非常の果断家にあり、計画家にあり、他人の働きし地の信者ニも随分不遠慮にも取こみ己れの領分と為すの成蹟も是迄相見候よし、押川兄は只今洋行中に候得共、帰国の上は大いに福島県下に侵入すへしと存候間、彼れ来らば多分貴兄方の御働きを荒らしちらかすの恐れなき能はす、彼は人さえツラムレば速に洗礼を施す弊ある人なりと聞及へり、……（後略）》
265頁。12行目の文末、追って書全10行削除（『全集4』286‐7頁）

書簡番号九三　横田安止宛　明治22／12／30

268頁。8行目の［下され度く候。］と［私も］の間、1行削除（『全集4』306頁、16）
《毎々貴君来遊被下候ハ八重よりも申通参り候》
268頁。8行目の［申度く候。］と［右は］の間、7行削除（『全集4』307頁、1‐7）
《昨年カ広津等カ艸案ニ関ハリ候同志社之教会之規則草案ハ、多分金森氏之手許ニ出シ候事ト存候、アレハ其後採用に相成候や、誰も無責任ノ如き人ノミ多く候間、恐クハ其儘ニ同氏之手許ニあり、教会ニハ等閑ニ過し行きせねかと心配いたし候、是レハ早々御注意被下度候、自由自治ノ主義を我カ同志社ニ明白ニなし、各をして福音と共ニ此真理、此主義を愛慕せしむるは、日本全国之伝道ニ責任を負ふたる同志社教会ニして、一日も荏苒余之出来さる事と存候
下村トハ充分御交り被下度候、同君ハ非常ニサイヨンスニ熱心なるも、大体書生トハ交ワる事ハ望ミオルナラン

金森氏ニハ自ラ取ル所之一新主義あるニ似たり、何卒御交り時ニハ御直言あるも不苦候、御遠慮あるはよろしからす》

268頁。11行目の末尾の後、3頁にわたる長い追って書削除（『全集4』307－9頁）

書簡番号九四　新島八重宛　明治23／1／4

270頁。9行目末、約8行削除（『全集4』323頁、13～324頁、3）

《御前様ニ御出不被成候ならば先日来種々御注文申上候事ハ宜しく御頼み申上、一々只今覚へ不申候得共先日来之手紙之内尽く御覧ニ相成、私より御頼申上候品物類、米国より来たりたる書類等、上へに衣るフランネル之シャツ今壱枚、其外之ものハコリニでも入れ御送被下度候、是非御遣しを願ひ度ハケーデー氏よりおもらひ被下候同志社之英文規則、又書斎ニ有之候英文之大学旨意書（書斎ノ入口ノ右手ノ棚ノ上ニアリ）各拾枚位、其外近頃参り書類なり、……（後略）》

270頁。11行目末、約4行削除（『全集4』324頁、4－7）

《……横井之御老母様ニは昨日御死去、（中略）嘸そ〳〵時雄君之留守ニ而コマル事ならんと存候、今少し金も送申度候得共少し送り又後ニコマル時にさし上候方よろしかるへしと存候、……（後略）》

270頁。此の書簡の追って書、合計4行削除（『全集4』324頁、9および頭書322－3頁）

書簡番号九六　横田安止宛　明治23／1／16

272頁。10行目、［小刀細工の地に相成つて］→［小刀細工之起り候］（『全集4』345頁、6）

273頁。7行目末、約8行削除（『全集4』345頁、14～346頁、6）

《一夕田中賢造君を聘し九州男児之真想并ニ時世之逆潮ニ立チオル保守党ノ書生中ニ非常ニ元気アル事を話せ度ものなり、貴兄宜しく同意を募り、同氏をして一夕鉄鞭之如き弁ヲ振ヒ全校を叩かしむるハ大ニ為めになり可申候、御詩之趣向ハ奇妙々々、詩人之詩に非らす丈夫の忼慨なり、小生之近作も御目ニ懸申へし……（後略）》

273頁。12行目、［余の元気にか、はりなき、］→［余は元気を繋なき、］（『全集4』346頁、10）

274頁。5行目と6行目の間、漢詩など5行削除（『全集4』347頁、2－6）

274頁。10行目、［願くば］と［神学生］の間、11字（『全集4』347頁、11－12）

《邦語科中志方等、又英語》

なお、274頁のこの書簡末尾には「（下略）」の表示あり。たしかに15行削除されているが（『全集4』347頁最終行から348頁全体）、なぜここだけ表示したのかは疑問である。

書簡番号九七　時岡恵吉宛　明治23／1／17

277頁。3行目と4行目の間、追って書6行中最初の3行のみ削除（『全集4』353頁、9－11）

《尚々ニユエル先生ニ面会被成候ハ、小生ハ此十二日より胃カタルノ為メ悩マサレ今ニ床中ニあり、先生より之御書面ニハ未た御返答も不申上候段決而不悪思召被下様御申陳、又右ニ付東京之小崎君なとニもよく〳〵相談可仕候と申上被下度候》

書簡番号九八　山口透　年不詳／9／12

277頁。7行目と8行目の間、漢詩二題と和歌一首のうち広津に贈った漢詩のみ削除（『全集4』353－4頁）

278頁。5行目、〔生の不徳〕→〔生の不遜〕（『全集4』369頁、10）

278頁。8行目、〔言を寄せ、〕→〔言ヲ寄セラレ〕（『全集4』370頁、2）

280頁。此の書簡の追って書、全2行削除（『全集4』371頁、7－8）

【付記】 同志社では新たに大谷實同志社総長を編集委員長に『新島襄の手紙』編集委員会を立ち上げ北垣宗治、本井博康、伊藤彌彦の三委員により、同志社編『新島襄の手紙』岩波文庫、二〇〇五年一〇月を刊行した。この新編は新たな採録基準で編集したまったくの「新版」であるが、採録に際して旧編と重なる書簡は省略箇所等をすべて復元して収録した。

あとがき

本書に掲載した諸論稿の原題と初出一覧は以下のごとくである。

1　若き徳富猪一郎
「若き蘇峰の自己形成」『民友』三八七号、二〇一二年一月

2　維新革命と社会改造の夢
書き下ろし

3　『将来之日本』のこと
「徳富蘇峰の『将来之日本』」『近現代日本の平和思想』ミネルヴァ書房、一九九三年六月

4　蘇峰・ミルトン・新島襄
「蘇峰・ミルトン・新島襄」『同志社時報』八八号、一九九〇年一月

5　「同志社大学設立の旨意」発表百年を迎えて
「「同志社大学設立の旨意」発表一〇〇年を迎えて」『同志社大学広報』二一八号、一九八八年十一月三十日

6　なるほど「同志社大学設立の旨意」
「なるほど『同志社大学設立の旨意』」『Doshisha Spirit Week 講演集２００３秋学期』二〇〇四年二月

7　同志社英学校から大学を
「同志社英学校から民立大学を」『大学時報』二八三号、二〇〇二年三月

8　新資料　徳富蘇峰・元良勇次郎往復書簡類（三通）
「新資料　徳富蘇峰・元良勇次郎往復書簡類（三通）」『同志社談叢』一九号、一九九九年三月

9　新島襄を精読できる時代
「新島襄を精読できる時代」『『新島襄全集を読む』刊行記念講演会』人文研ブックレット一五号、同志社大学人文科学研究所、二〇〇二年九月

10「新島襄論」（『中央公論』明治四十年十一月号）解題
「解題〝新島襄論——『中央公論』明治四十一年十一月号より——〟」『同志社談叢』一七号、一九九七年三月

11『新島襄書簡集』と『新島襄全集』の異同について
「岩波文庫版『新島襄書簡集』と新島襄全集編集委員会編『新島襄全集』の異同について」『同志社談叢』二四号、二〇〇四年三月

『新日本之青年』の中の「苦学に余事なき学生すら、其春宵の夢は、揺々として赤煉瓦の層壁を攀《よ》じ出で、乍《たちま》ちにして奏任官となり、……」という一節を、同志社大学の教室で朗読していた時に、ハタと納得、「赤煉瓦の層壁」とは目の前にひろがる同志社の窓外風景なのである。明治の初め、古都で赤レンガの洋風建築は京都駅と烏丸通りを北にはるかにそびえる同志社彰栄館だったという。若き徳富蘇峰の自己形成にとって同志社の存在が格別だったのに気付いたのはここ同志社大学に就職したおかげであった。

本書は私にとって、二〇一二年三月の同志社大学を定年退職後に出版する二冊目の本となる。今回もまた萌書房の白石徳浩さんから多大な協力をいただいて刊行することができた。出版不況といわれる時代に、特に学術書の売れない中で、白石さんにはここ三年で四冊もお引き受けいただいた。その編集者魂と心意気に大きな感謝を表したい。本書出版にあたっては、学校法人同志社「徳富蘇峰基金」からの出版助成の交付を受けた。記して関係者に謝意を表する次第である。

二〇一三年二月　東大寺二月堂お水取り松明竹の「竹送り」が始まった京田辺の里にて

伊藤　彌彦

徳富蘇峰関連事項索引

（初出順）

人名索引

（徳富蘇峰〔猪一郎〕および新島襄は除く）

あ　行

か　行

さ　行

た　行

な　行

■著者略歴

伊藤彌彦（いとう　やひこ）

1941（昭和16）年，東京に生まれる。

国際基督教大学卒業，東京大学大学院修了。

同志社大学名誉教授。日本政治思想史。

著書・編著書

『日本近代教育史再考』（昭和堂，1986年）

『維新と人心』（東京大学出版会，1999年）

『のびやかにかたる新島襄と明治の書生』（晃洋書房，1999年）

『新島襄全集を読む』（晃洋書房，2002年）

『新島襄の手紙』（岩波文庫，2005年）

『明治思想史の一断面——新島襄徳富蘆花そして蘇峰』（晃洋書房，2010年）

『新島襄 教育宗教論集』（岩波文庫，2010年）

『未完成の維新革命——学校・社会・宗教——』（萌書房，2011年）

『自由な国の緘黙社会』（萌書房，2012年）

『なるほど新島襄』（萌書房，2012年）

『新島襄自伝』（岩波文庫，2013年），ほか

維新革命社会と徳富蘇峰

2013年4月30日　初版第1刷発行

著　者　伊藤彌彦

発行者　白石徳浩

発行所　有限会社　萌《きざす》書房

〒630-1242　奈良市大柳生町3619-1

TEL（0742）93-2234 / FAX 93-2235

［URL］http://www3.kcn.ne.jp/~kizasu-s

振替　00940-7-53629

印刷·製本　シナノ パブリッシング プレス

ISBN978-4-86065-074-2

伊藤 彌彦著

なるほど新島襄

四六判・並製・カバー装・192ページ・定価：本体1600円＋税

■ジョーは泳げたのか？　心臓に持病のあったジョーは妻・八重の老後を案じていた？　などなどのトリビアから思想史的テーマまで，維新革命後の祖国の青年に，文明と自由のエッセンスを吹き込んだ人物の足跡を易しく語ったエッセイ集。

ISBN 978-4-86065-068-1　2012年10月刊

伊藤 彌彦著

自由な国の緘黙社会

四六判・並製・カバー装・198ページ・定価：本体1600円＋税

■自由なはずの「和の国」で気兼ねと保身から口を噤む人々。豊かなはずの「経済大国」でリストラの不安に怯える人々。崩れゆく中流社会のこれからを考えるためのヒントに溢れる諸論考や，日高六郎氏との未公刊の対談記録を収載。

ISBN 978-4-86065-065-0　2012年3月刊

伊藤 彌彦著

未完成の維新革命――学校・社会・宗教――

A5判・上製・カバー装・280ページ・定価：本体3000円＋税

■多事争論」を謳った明治の世が，いつしか「非国民」の声に戦々恐々とする「猜疑社会」の昭和に成り下がったのはなぜか。その諸相を，明治維新期における学校制度や宗教政策の策定過程およびその意味の精緻な分析により論究した刺激的書。

ISBN 978-4-86065-057-5　2011年3月刊

米原謙・長妻三佐雄 編

ナショナリズムの時代精神―幕末から冷戦後まで―

A5判・並製・カバー装・302ページ・定価：本体2800円＋税

■各時代のナショナリズム像をそれらが展開された言説空間の中で再現し，併せて，福澤諭吉・長谷川如是閑・橋川文三等のテクストを具体的な時代状況と関連づけて読み直し，そのナショナリズム観を描出。

ISBN 978-4-86065-052-0　2009年11月刊